事例でわかる

子ども虐待対応の
多職種・多機関連携

互いの強みを活かす協働ガイド

中板育美／佐野信也
野村武司／川松 亮

明石書店

はじめに
....
ほんとうの連携と協働のために

本書の目的と成り立ち

　本書は、保健・福祉・医療、心理、教育、法律等多分野の専門家が集い、一領域の専門家は別領域の素人であることを自覚し、お互いの溝を埋めるべく議論を重ねて編み上げた事例集です。新型コロナウイルス感染症のパンデミック以前から、月1回編者らが集まって構想を練り、それぞれの現場で経験した事例情報を提示しあい、事例の理解や対応について討論しながら本書の各事例が構成されていきました。コロナ禍が長引き、討論の場はウェブ会議に移行しましたが、職種や支援の場の違いによって、言葉の使い方から、対象事例に対する着眼点や対応すべき優先順位まで、これだけ異なっているのだと改めて知り、これまで自分たちが関わってきたネットワークでは、いかに言葉足らずであったかを編者らが振り返ることができる契機にもなりました。

　各事例は、編者や協力者の過去の経験をもとにしていますが、複数のケースに見られた要素を組み合わせたり、加除改変したりすることによって、どのケースもほぼ「創作事例」に仕上がっています。一つひとつの事例において、最初は支援者同士の関係がぎこちなく、緊張感が拭えず、伝えたいことがきちんと伝わっているのか実感が持てないような情報交換であっても、それぞれの支援者が感じ取った言葉の意味や考え方のずれを可能な限り言語化し、支援開始時の問題意識や検討の目的に立ち戻っては意見を出し合う姿に変化していくさまが描かれています。支援者はこうしたプロセスをたどって初めて、ネットワークは成長し、相互尊重に基づいたほんとうの協働関係が実現するのだと思います。そこでは自分の専門分野の枠を少し超えた発言や活動が職種間を結びつける「のりしろ」となって、各支援者の個別的な支援は統合され、対象事例にとって一貫したものとなり、対象者はそれを受け入れやすくなっていきます。

　多職種連携・協働が、事例との関わりの深まりとともにどのように推移したのか、その連携協働の詳細を事例ごとに経過を追って示しています。事例ごと

に異なった部分はあるものの、どんな事例にも共通する支援者の意識や態度についてもご理解いただけることを期待しています。

伝えたかったこと

1　多職種・多機関の相互補完的役割と柔軟性

　子どもの虐待死亡事例検証の対象事例には十代の妊娠・出産例が少なくありません。報告書から、その9割が公的サービスにアクセスしていなかったことがわかっています。たったひとりで、命がけで出産した未成年の妊婦もいます。虐待やDV、生活困窮等に苦悩する十代の妊婦がSOSを容易に出せるほどに社会システムは整備されていないという現実があるのです。社会的養育を受けることができたとしても、児童養護施設を退所した後には、困ったときにすぐに駆け込むことのできる支援の窓口は、公的なものにせよNPO等によるものにせよ、まだまだ不十分です。成熟した大人になるまで、未経験の困った事態に遭遇したときに気兼ねなく相談を持ち込める場所、頑張り切れなかったときに羽を休めることができる居場所があって「あたりまえ」という社会の実現は、もう少し先の話というのが私たちの実感です。

　このように、妊娠葛藤を抱える妊婦への支援、社会的養育ニーズを抱えた子どもの自立支援、子ども虐待や養育困難家族の養育支援など、妊娠・出産・育児をめぐる諸問題を抱える人々を支えるセーフティネットは、そのネットワークを構成する多職種支援者が相互補完的な役割を担い、その協働作業は粘り強く継続可能なものでなければなりません。セーフティネットには、危機を防ぐ役割、適切なアセスメントに基づきリスクの顕在化を予防する役割とともに、相談者と支援者の双方が安心感を得る機能があります。さらに各支援者は、支援対象者の個別事情に見合った対応を模索する柔軟性も備えていなければなりません。

　子ども虐待や養育困難を生じさせる要因は、人々の生活のあらゆる局面にまたがり、しかもそれぞれの要因は相互に密接に関連しています。

　支援を必要とする人や家族は、保健・福祉・医療領域だけでなく、保育園や学校、役所や警察が関わる場面に登場し、まずはそれぞれの現場での個別機関による支援が開始されます。はじめはその1人の抱える問題や困難だけが認知されたとしても、支援経過の中で、その家族や生計を異にする親族との関係においても支援の必要性が明らかになってくることが少なくありません。そうした複雑・多問題事例への支援では、それぞれ異なった教育・実務経験を通じて

身につけた支援方法や、拠って立つ支援基盤を異にする人々が協力せざるを得ません。子どもを守るためには、情報の分断・囲い込みと対応の不整合をなくすことが必要です。

　個人や家族をアセスメントする際にも、潜在的リスクを評価し、解決策を探り、効果的な支援の道筋を議論する上で、それぞれの分野の専門知識と実践的な知恵を総動員して、一つとして同じではない多様な家族に向き合うことが要請されるのです。

2　「専門家／専門職」集団という落とし穴

　保健・医療・福祉、教育や法律等の専門的知識や経験を有する支援者が、それぞれの視点から討論し、支援策を紡ぎだす多職種協働の重要性は誰もが認識していることでしょう。しかしながら、例えば要保護児童対策地域協議会の個別ケース検討会議など、多職種・多機関の支援者が一堂に会して議論する際に、相手の「専門」領域にはあえて立ち入らない姿勢が生じることがあります。子どもの発育発達は保健師が評価しているはずだ、こころの問題は精神科医に任せておくのが無難だ、児童相談所の措置（あるいはその解除）決定に異論を差し挟む余地はない、法律や行政システムに関しては、一支援者が発言したところで変えられるものではない、などと。

　こうした遠慮や消極的態度が、職種や分野の違う支援者間の距離を際立たせ、支援者に不全感を蓄積させ、支援対象となった子どもや家族を何とかしたいと思う熱を冷ましてしまうことがあります。それぞれの専門領域では日常的に使われる言葉（専門用語）が、意図せず多用されるだけで、自由な議論が妨げられてしまうこともあります。

　自分の専門性が発揮できる事柄が討議の俎上に載ったときには、その領域に詳しくない仲間に理解できるようにかみ砕いて説明する役割をそれぞれの支援者は自らに課すだけでなく、相手の土俵に立ったときには、わからないことはわからないと発言する開放性が重要です。「あの人はきっとこのようなことを言いたいのだろう」と考えをめぐらす想像力も必要ですが、それを直接確かめることが、相互理解の機会を増やし、チームの総合力アップにつながるのです。

　さらに言えば、協働のメンバーとして、いわゆる専門職ではない地域住民の存在がとても重要です。専門家だけの集まりでは、自他の専門性を意識するあまり、議論の場で、各々の専門性に基づく考え方や介入法を主張するか、それが当該事例ではうまくいきそうにないと感じると発言を手控えてしまうか、い

ずれにせよ、異なった原則や方法を組み合わせて新たな介入法を創出する努力が疎かになってしまうことがあります。

　つまりは、当事者のリアルな苦渋や困難をいかにしたら軽減し解消できるかということよりも、自分（個々の支援者や機関）ができること／できないことを判別して主張するばかりで、議論が空回りしてしまう恐れがあります。そんなとき、「専門家」ではない人々の口から思わずこぼれ落ちてきた言葉や感想が、その家族固有の価値意識や真のニーズに気づかせ、関係者が支援の必要性を認識した初心に立ち戻らせてくれることがあるのです。

3　支援対象者（家族）を包括的に理解する

　また、支援対象者の理解を深めるためには、対象者が現在直面している問題やこじれた関係性のみならず、その人がこれまで暮らしてきた半生に耳を傾けることがしばしば重要になります。人は今を生きていますが、今だけを生きているわけではありません。意味のある関わりには、その人、その家族が置かれた現在の状況（家族メンバーや友人、支援者などとの関係性、経済状況、生活困難、疾患や障害等々）を知るだけでは不十分です。

　対象者の「人となり」を知り、考え方や価値観のありようを理解するには、その人の生きてきた歴史（生活史）に耳を傾ける関わりが不可欠です。どうして頑固に支援を拒むのか、暴力をふるうパートナーとどうして離れられないのかなどを理解するために、私たちはときにその人が生まれる前の、数世代遡った家族史に耳を傾けることも必要になるかもしれません。

　もちろん必ずしもすべての人がそのような話を打ち明けてくれるとは言えないでしょう。けれども私たちは、その人から言葉が発せられるのを待ち、待ちながら、彼らの表情や行動からだけでも支援対象者の生を縦横まるごと理解しようと試みます。その人が今生きている生活状況だけでなく、今ある姿に至った来歴に思いを馳せ、把握された現状と推定される生活史的背景をともにアセスメントの資とすることは、具体的支援策を編み出す基礎となるものです。

4　ほんとうの協働とは

　ネットワークというものは、他分野の専門知の理解を促し、支援の幅の広がりをもたらし、支援対象者に1人で関わるプレッシャーから解放してくれるものであってほしい。繰り返しますが、子どもの虐待予防と対応には、多分野からの総合的な支援が必要です。たとえてみれば、支援者が材料を持ち寄った手作りの寄せ鍋が、食してほしいその家族にとって、味わい深く、心地よい時間

を共有できる縁（よすが）になるまで、私たちは何度でも素材や味つけを吟味し、根気よく改良し続けることが大切です。

　そうして親たちが孤立状況から脱け出し、自尊心を回復し、支援者との関わりがその人の人間的成長に役立ってはじめて親の養育能力は引き出され、強化されていくものだと思います。協働に支援者個々の「のりしろ」は不可欠なものですが、組織的理解のもとにのりしろを出すことが、その後の他事例への関わりの「伸びしろ」の発見にもつながります。

　深く複雑な関係性の病理に向きあうには、打ち出の小槌も魔法の杖も存在せず、地道なフェイス・トゥー・フェイスの関係を続けることが結局は一番の近道だと、私たちは考えました。

本書を読むにあたって

1　個人情報保護を徹底しました

　すでに触れたように、各事例は著者や協力者の過去の体験を参照しています
が、大幅に改変しており、年齢、性別、家族構成、既往歴や現病歴など、原形
をとどめない創作事例として提示されています。

2　必ずしも模範的対応を提示したものではありません

　本書に記述された事例はいずれも、その事例について唯一の正しい理解の仕
方や最善の対応を示したものではありません。範例的記述ではなく、当初は事
例を介した連携や協働に消極的だった支援者の意識の変化や、役割分担的な問
題を抱えたネットワークでも、あきらめずに議論を重ねた結果、より機能的な
ネットに成長していくプロセスなどが記されています。それぞれの支援者の個
性や専門性ゆえに体験された葛藤状況も「よくある話」として盛り込まれてい
ます。

3　事例の中に解説コラムなどをはさみ、読みやすくしました

　各領域に固有の専門的事項や法律的事項などに関する理解を深めるために、
Q＆A形式のコラムを多数挿入しました。それぞれの専門分野以外の情報（制
度や仕組み、サービス内容、医学的知識など）を知ることにより、「のりしろ」が
広がることを期待しました。

4　レビュー（まとめ）

　各事例の末尾に「レビュー」を記述しました。記述された関与介入に対する
批評や解説も含めて、事例の全体像を総括しました。レビューの中に各々の専
門職種の考え方などの特徴が垣間見えるかもしれません。

5　部署の名称や登場人物の所属や名前について、次のように規定しました

1）自治体（市区町村）機関・部署名

　母子保健や子どもの福祉を担当する部署名は、自治体により異なっています。
本書では次のように規定しました。

①子ども家庭課

　子ども虐待を扱う自治体（市区町村）の児童福祉担当部署。子ども家庭総合支援拠点、要保護児童対策地域協議会の調整機関を示しています。

②保健センター

　地域保健法に基づいて多くの市区町村に設置されており、健康相談、保健指導、健康診査など、地域保健に関する事業を地域住民対象に行うための部署を示しています。本書では、主に母子保健法に基づく母子保健担当保健師として登場します。

2）登場人物（所属部署、職種）

　9事例に対応する主な関係者は、所属や職種ごとに登場人物の名前を概ね一致させています。事例ごとに同じ職種で別の名前が登場すると読みにくくなると考えたためです。もちろん、複数の事例を通じて同一人物を指しているわけではありません。同じ職種・名前でも、事例によって、課せられた役割やキャラクターは違いますので、ご了解ください。

関係機関	主な支援者（登場人物）
市町村子ども家庭課 （要対協調整機関）	大塚[1]（相談員）
児童相談所	恵比寿、海老原（児童福祉司）
市町村福祉事務所	馬場（ケースワーカー）
保健センター	秋葉[2]（地区担当保健師）
学校	目黒（校長）、中野（副校長）、渋谷（担任教諭）、本郷（養護教諭）、国分（スクール・カウンセラー）、大久保（スクールソーシャルワーカー）
医療機関	五反田[3]（精神科医師）、上野（児童精神科医師）、田端（産婦人科医師）、川口[4]、四谷（小児科医師）、大崎[4]（産婦人科助産師）
法律家	日暮、荻窪（弁護士）

1）職種として保健師であることもある
2）保健所精神保健担当保健師として登場することもある
3）保健所嘱託精神科医として登場することもある
3, 4）医療機関CPT委員を兼任者として登場することもある

目　次

Case 1 アルコール依存症の母の代わりに家族を守ろうとした、8歳の児童の健全な育ちを取り戻すための協働

Case 2 機能不全家族に育つ若者が、解放を求めて家を出たあとの保護・支援と、その後の家族形成支援について

Case 3 重度の医療的ケア児に対する医療－保健－福祉の「手厚い」関与態勢の落とし穴

Case 6 虐待環境に生育した低学年児が示した暴言暴力

Case 7 支配的な母の下で、どこまでも母の期待に応えようとする少年

Case 8 長期間のひきこもりの中で、本人と会えないまま計画した支援

Case 9　予期せぬ妊娠による葛藤を抱えた高校生(17歳)の気持ちに寄り添った支援のあり方

Case 1

アルコール依存症の母の代わりに家族を守ろうとした、8歳の児童の健全な育ちを取り戻すための協働

小学校2年生の男児が担任教諭に「お金を貸してほしい」と電話で相談をしたことから始まった。家庭の状況に不信感を抱いた学校が、保健センターの保健師に相談をし、家庭訪問をしたところ、3人の子どもの傍らに泥酔している母親の姿があった。

概要

アルコール依存症（以下、AL症）の母親による8歳、5歳、2歳児へのネグレクト事例である。ひとり親家庭に育つ3人の子どもは、夜間放置が繰り返されており、夜間徘徊をしている姿も目撃されている。長男が「お金を貸してほしい」と小学校担任教諭に電話をしたことから、関係機関が動き始め、児童相談所によって一時保護された。母親の拒否的態度に、児童相談所や学校、子ども家庭課、保健センターが振り回されるが、在宅支援について個別ケース検討会議を重ねる中で、8歳児が3年間にわたって担い続けた親役割から解放される。ネグレクト事例の在宅養育支援ネットワークを考える。

関係機関	主な支援者（登場人物）
M小学校	目黒（校長）
	上野（教頭）
	渋谷（担任教諭）
市保健センター	神田（保健センター課長）
	秋葉（地区担当保健師）
市子ども家庭課	大塚（相談員）
	高田（保健師）
X病院	五反田（精神科医）
市保育所	神保（園長）
	永田（保育士）
児童相談所	恵比寿（児童福祉司）
市福祉事務所	馬場（生活支援担当ケースワーカー）

§　担任教諭になされた「お金を貸してほしい」との相談

　ある日、就学時相談などで顔見知りでもあったA市M小学校上野教頭から、市の保健センターの秋葉保健師に相談が入った。

上野：相談していいものか迷ったのですが、小学校2年の児童の担任が、朝、「8万円を貸してほしい」との電話を受けましてね。担任が事情を聞くと、「家賃のためで、払えないと退去」なのだそうです。担任が、電話を母親に替わるよう言ったところ、お母さんは寝ているとのことで話すことができなかったようです。普通は考えられないことで、複雑な家庭の問題があると思い、校長とも相談して、まずは秋葉さんに内々に相談してみようということになって、連絡させていただきました［▶ポイント］。

▶ポイント
金銭に関する相談を受けた学校からの連絡に躊躇せず対応したのはなぜでしょう。

秋葉：連絡ありがとうございます。家庭事情は、何か把握されていますか。

上野：ひとり親家庭で、A君は長男で8歳、5歳の弟（B君）、2歳の妹（Cちゃん）がいます。母親は、授業参観など学校の行事に参加されることはなく、担任が一度連絡を取ろうと試みましたが、残念ながら話をする機会を持てていません。A君は、学校に来ていますが、ときおり休むこともあります。親とは連絡が取りにくいので、あとから本人に聞くと、「弟が熱を出した」ときょうだいの看病が理由だったこともありました。アザがあるわけでもないので虐待ということでもなさそうです。

秋葉：こちらでも情報を確認します。A君と保護者の名前、住所を教えていただけますか。

上野：これは、秋葉保健師だからということで、親には言わずに内々に相談していますので、くれぐれも……

秋葉：わかっています。弟の健診情報など確認してみますので、少しお待ちください。また電話します。

Q1 相談にはどんな姿勢で向き合ったらよいでしょうか?

　子どもからなされる相談に限りませんが、相談は、相談者が目下、一番気になっていることがらについてなされます。相談を受ける者は、その相談の背景により大きな課題または本質的な課題が隠れていることもあるので、留意しながら聴きます。また、相談を聴いてもらいたい思いから、(相談機関に合わせて)耳を傾けてくれると考える問題について相談がなされることがあります。なされた相談に真摯に対応するとともに、そうした背景についても思い至っておく必要があります。

　この事例では、教頭を通じて、学校から保健センターの保健師に相談がなされていますが、学校は、子どもからの問題を、教育の問題として、すべて学校または教育委員会で解決しようとするところもあり、こうした相談が、「教育」外の機関になされることは現実には少ないかもしれません。

　この事例では、秋葉保健師が日常的に学校と積極的に関わっており、アルコール依存症の保護者への対応など具体的なケースを通じて関係を構築してきていたことが奏功したケースでしょう。このような時、「金銭的なことは保健師では何もできない、または、本人からの相談ではないので受けられないと断ってしまえば、この家族の真のニーズにたどり着けない可能性もあります。秋葉保健師は、このような相談内容は端緒に過ぎないと考え、多職種連携の入り口と理解をして対応したのです。また、事例のような相談がなされるかどうかは、ひとえに日常的に顔の見える関係を構築してきた結果であると言えるでしょう。

　なお、事例では、教頭は、相談したことを「内々に」としていますが、児童福祉法第21条の10の5第1項で、「……学校その他児童又は妊産婦の医療、福祉又は教育に関する機関及び……学校の教職員その他児童又は妊産婦の医療、福祉又は教育に関連する職務に従事する者は、要支援児童等と思われる者を把握したときは、当該者の情報をその現在地の市町村に提供するよう努めなければならない」とされています。学校は、こうした規定を意識し、子どもの最善の利益を踏まえ、積極的に「市町村」に情報を提供する必要があります。もちろん、守秘義務に反することもありません(同条第2項)。

§ 母子の実情の把握と家庭訪問

●家庭訪問による保健指導に向けて

　秋葉保健師は、学校からの情報提供から、保健センター内で、母子及びこの家庭の記録を精査した。情報のとおりA君にはきょうだいがおり、Cちゃんは1歳6か月健診を2か月遅れの1歳8か月で受診していた。意味ある単語が乏しく、簡単な指示理解も不十分だったので、2歳時点で確認することになってい

た。3人の個別カードから確認すると、B君は3歳児健診が未受診であるが、予防接種は、3人とも既定の期間内接種を済ませていた。センター内で協議をし、言葉の発達の確認を含めて、保健指導が必要な家庭として家庭訪問をすることにした。

秋葉：教頭先生が気になさっているとおり、A君の家庭で起こっていることが心配です。家庭訪問をしたいと考えています。学校も、家庭訪問できると思いますが、どうしますか。お母さんに説明が必要になりますが、私は健診後の様子観察という理由で訪問してみます。教頭先生もご一緒しますか。

上野：えっ？ 保健師さんだけで行っていただくというのは難しいですか。

秋葉：わかりました。Cちゃんの言葉の発達について確認する目的で家庭訪問をしてみます。また、結果をご報告します。

上野：わかりました。助かります。

Q2 保健師は、秋葉保健師のように他機関からの相談を受け、受診した健診結果を理由にして家庭訪問をしたりするのですか？

　保健師活動の体制の1つに、地域を担当する体制があります。担当の地域を持ち、その地域内の妊婦から高齢者まで、そしてあらゆる健康レベルの住民を担当する体制です。保健師は、この体制での活動を、関係者や住民との協働に活かしてチームアプローチを意識しながらさまざまな健康課題に向き合うことを大切にしています。

　虐待問題やマルトリートメントなど家庭機能不全状態も向き合う健康課題の1つであり、家庭訪問は支援技術の1つです。保健師は、家庭訪問を“対象からの要請にこたえる行為”と限定して捉えてはおらず、「拒否されたから」「困りごとはないといわれたから」などは、家庭訪問をしない理由にはならないと認識しています。母子保健法10条の「必要な保健指導」、11条の「保健師、助産師又はその他の職員をして当該新生児の保護者を訪問させ、必要な指導を行わせる」としているのはそうしたことを意味しています。今、支援の手を差し伸べなければ、将来に重大な健康被害が予見されると判断すれば、要請がなくても家庭訪問で会う努力をし、相談関係を築こうと努力します。それが予防的に関わる専門職として大切な姿勢です。

　秋葉保健師は、8歳の子どもが教頭先生に借金を願い出るという異常さに触れ、学校の戸惑いも考慮し、幸いにもCちゃんの言葉の発育に関するフォローを理由にすることも可能でしたので、それを理由に家庭訪問をしました。対象の最善の利益を考え、現状を把握し、必要な支援とそれに関わる関係機関を見極め、つながりを意図した働きかけを行っています。

●家庭訪問と一時保護

秋葉保健師は、A君、B君、Cちゃん母子宅を家庭訪問した。呼び鈴を鳴らしても反応はなかったので、ドアノブを回したところ、玄関のカギは開いていて、すぐそこに母親Kさんが酔いつぶれて横たわっていた。部屋の奥からは、A君がこちらをうかがっていた。

A君に「おはよう。そっちに行くけど大丈夫」と尋ねると、うなずいたので、「失礼します。上がらせていただきますね」と母親に断り、奥の部屋に向かった。

秋葉：今日は、Cちゃんの言葉のことで健診後の様子を見にうかがいました。近くの別のお宅を訪問した帰りです。それどころではなさそうですね。A君は、学校ではないのですか？

母　：関係ないね。Aは長男なんだから、きょうだいの面倒を見るのはあたりまえだ。私にも飲みたいときはあるんだよ。子どもだってそのくらいわかっているんだよ。

母は、泥酔状態だったが意識はあり、横たわった状態で怒鳴り散らしていた。

秋葉保健師は、3人が恐怖と寂しさや不安を和らげるように部屋の隅に寄り添う姿と子どもが前日から食事をしていないのを確認し、保健センターに一報を入れ、状況を上司に伝えたうえで、子ども家庭課に通告した。30分ほどで子ども家庭課の大塚相談員と高田相談員（保健師）が到着し、その後1時間ほどで児童相談所から恵比寿児童福祉司が到着した。

恵比寿：お母さん、今回は前回のこともあるので、3人のお子さんは児童相談所で一時保護*1します。いいですね。

母　：勝手にすれば。邪魔だと思っていたところだよ。（ふてくされて眠る）

秋葉：（泥酔している母親に対し、頭を下げ挨拶した）

　　　お母さん、私の名刺を置いていきますね。こちらからも連絡しますが、酔いが醒めた頃にお母さんからお電話いただいても構いません。酔っていないときにゆっくりお話をしましょう。

学校としては初めての経験でとまどったが、恵比寿児童福祉司の話では、こ

＊1　2022年児童福祉法改正で一時保護に際しての司法審査が導入されることになりました。

れまでもコンビニから市の子ども家庭課に通告が二度入っていた家族で、要支援家庭の対象として協議予定になっていたようである。母親関連の情報を収集していたが、外出が増え、泥酔状態で帰宅する頻度が増えているのではないかと懸念していた。

　秋葉保健師からの通告を受けた子ども家庭課は、以前のことも踏まえ、児童相談所に一時保護の可能性を伝え、調整も済ませていた。そのためか比較的円滑に一時保護が行われた。

　恵比寿児童福祉司は、3人のきょうだい、特にA君に「お母さん、具合が悪いみたいだから治さないとね。しばらく3人で違うところで待ちましょう」と説明し、一時保護所に向かう車に乗ることとなった。その際、A君は泣き出すきょうだいをなだめていた。

　3人の子どもは、泥酔状態で横たわる母を不安そうな表情で見つめた後、ネグレクトを理由に緊急一時保護となり、自宅を離れた。秋葉保健師は、A君がなだめていたとはいえ、Cちゃんをはじめ最初は動揺して泣いたものの3人とも抵抗することなく自宅を後にしたことに違和感を覚えた［▶ポイント］。

▶ポイント
この観察からどのようなことが推察されますか。

Q3 秋葉保健師は、泥酔状態であるものの意識はある母に対し、挨拶と酔いが醒めたらお話ししましょうと言い残して、事務所に戻りました。この対応は適切と言えますか？

　アルコール依存症が疑われる対象者に対して面接をしたり、何か伝達事項を説明するのは、しらふのときに行うのが原則です。冷静な話ができない、記憶に齟齬が生じる、などの理由もありますが、「飲酒状態では、あなたのほんとうの考えや気持ちを聴くことができない」と直面化する意義も大きいからです。

　もちろん急性アルコール中毒が疑われる意識消失（刺激への反応低下）、呼吸抑制や血圧低下が生じているときには、救急車を呼ぶことをためらってはいけません。

　この母は、秋葉保健師や恵比寿児童福祉司の問いかけに対して、呂律の回らない言葉遣いながら、はっきりと自分の言い分を表明しており、呼吸状態もしっかりしていたために、秋葉保健師はお酒が醒めてから改めて話をしましょうと伝えたわけです。アルコール依存症の治療と回復については後述します。

●一時保護後の対応

　3人の子どもを一時保護した直後、秋葉保健師は、上野教頭に経緯を説明した。そして子ども家庭課に、学校から連絡を入れ、状況を共有していただきた

い旨を伝えた。学校はそれを了解し、母には経緯は知らないこととして、本日のAからの借金の相談と無断欠席について自宅に連絡すると話していた。その約3時間後、秋葉保健師に、母から入電。「余計なことをしてくれた。子どもを返すように児相に頼んでくれ」という内容。母は、学校からAの借金の話しを聞いたようで、Aが嘘をついており家賃は払っているとして、とにかく子どもを返してほしいと怒りをぶつける電話であった。

　秋葉保健師は、声を荒らげる母に対し、あえて動揺をみせずに、毅然と今朝の状況について説明するので保健センターへ来所するよう促した。母はこれに応じ、30分後に、朝とは異なり、身なりを整えて来所した。「勝手に子どもを奪われた」怒りと「子どもを返してほしい」訴えが主であったが、秋葉保健師が、頼みもしないのに自宅に来ていたことにもこだわっていた。

　秋葉保健師は、Cちゃんの訪問目的と、約束していない訪問も例外ではないことを説明するとともに、訪問時の家の中の様子に慌てたことを淡々と伝えた。そして母に、このようなことは日常的かと尋ねると、言い訳ともとれる話を自身の大変さとともに語った。

●面接記録

◎月△日　母Kが保健センター来所

　母は、現在29歳。A君（8歳）は前夫（Kさんより4歳上）の子、DV・性的DVにより、A君が2歳のとき、離婚調停を申し立て、弁護士の助言を受け、夫に内緒でD県○市へ転居する。○市で生活保護を受給しながら、すでに前夫との間で妊娠していたBを出産。2年後に、母を親権者として離婚は成立した。

　その後、市内で出会った12歳年上の男性との間にCちゃんを妊娠したが、妊娠は隠していた。男性に妊娠が知られると、その男性とは予想していたとおり連絡が取れなくなった。妊娠6か月時に○市の隣△市へ転居し、同時に生活保護の受給開始となる。Cちゃんの妊娠中も禁煙、禁酒はしていなかったようである。産後は、24時間型保育所を利用し、夜間就労を再開している。今回の件で前夫が親権を取り戻すと連絡が入ったようで焦っている。

　保健師は、母が怒りを込めて、来所したが、あえて、冷静に淡々と対応し、母に対し、「一方的に怒りをぶつけるのではなく、お酒が抜けきっている状態で冷静に話ができるように努力して、児相に電話をいれてみてはどうか」とアドバイスをした。（秋葉）

§ 個別ケース検討会議の開催

●個別ケース検討会議開催の働きかけ

　秋葉保健師は、把握した状況を子ども家庭課の大塚相談員、高田相談員と児童相談所の恵比寿児童福祉司に報告した。同時に、母のアルコール問題もある

ことから、今後に向けて地域の関係者も含めた事例検討の必要性を提案し、要保護児童対策地域協議会（以下、要対協）の個別ケース検討会議の開催を大塚相談員に依頼した。

　しかし、子ども家庭課は、一時保護中は、市の要対協主催で個別ケース検討会議を開催することはないし、児童相談所から情報も来ないことが多いことを懸念し、今回は、子ども家庭課から児童相談所に事例検討開催を依頼することになった。しかし、児童相談所は、母親が混乱していること、一時保護中であることを理由に、現在は必要ないとした。

　その間にも、秋葉保健師や子ども家庭課には、上野教頭から、「A君が学校に戻ることはあるのか、戻るとすればいつ頃なのか、その際はどうしたらいいのか等の問い合わせがあった。また、母からも、毎日のように、保健センターや学校等に電話が入っており、前述の主訴が繰り返された。秋葉保健師は、母を落ち着かせるために、ひとりで子ども3人の子育てを誰にも頼らず続けてきたことをねぎらい、「これを機に生活を一緒に見直してみましょう」と味方になることを伝え、学校とも方向を共有した。

　そして秋葉保健師は、確かに子どもは保護されているが、今だからこそ、母への対応について、関係者間で協議し、方向性を共有することが大事なのではと思い、検討の機会を申し入れ続けた。

　一時保護から1か月が過ぎたころ、子ども家庭課から、児童相談所、小学校、保育所、市保健センターでの個別ケース検討会議を開くとの知らせが入った。保健センターや保育所から子ども家庭課への再三の申し入れがきっかけとなったようである。ようやく関係者が一堂に集まり、経過の共有と今後の方向性について話し合いが行われた。

●個別ケース検討会議

●参加者

恵比寿	児童福祉司
上野	教頭
神保	園長
永田	保育士
秋葉	市保健センター（地区担当）保健師
大塚	子ども家庭課相談員
高田	子ども家庭課相談員（保健師）

　児童相談所が、家庭引き取りの方向で検討していると発言すると、小学校と保育所からは、その後の不安を訴える意見が出された。これに対して、市保健

センターからは、母のAL症の治療もつながっていない状況で、一時保護が解除されては、同じことの繰り返しになるのではと不安であり、母の医療については検討課題であるという意見が出された。保育所職員が一時保護所を訪問し、園児に面会することについては、児童相談所から改めて連絡することになり、まずは、母の面会を先に行う予定とされた。また、母が、親権を奪われることを懸念しているという情報もあることから、実際に、前夫からの親権変更の申立てがなされているか確認する必要があるとされた。具体的には、各機関の情報及び意見は次のとおりである。

大塚：この家庭について、昨年度の1年間に計2回、通告がありました。1回目は隣の家から「夜の8時過ぎにきょうだい3人で出歩いている」との内容で、2回目はコンビニから、「A君と思われる子どもから、お弁当を分けてほしいとお願いされた」との内容です。コンビニの店主によると、これまでも3人で夜弁当を買いに来ることがあったが、その時はお金も持っていなかったそうです。コンビニの店員の中でも、親はどうしているのかと話題になっていたとのことです。

通告に対しては、2回とも家庭訪問して状況を確認しています。3人を育てる苦労もねぎらいつつ、母は夜の仕事をしているとのことでしたので、幼児をおいての夜間就労は認められないと注意喚起をし、昼間の就労に変更するか、あるいは、24時間型保育所利用の申請や生活保護受給などの活用もあるのではと助言しています。

恵比寿：今回の通告で、子ども家庭課の情報も確認し、緊急受理会議では一時保護を想定して母宅へ向かいました。子どもの様子と母親の泥酔状態で怒鳴る様子からネグレクトと判断し、子どもの安全確保の観点で一時保護としました。母が家庭引き取りを求めて電話や来所が繰り返されていますが、酔って来所されることも多く見られます。

秋葉保健師からの情報提供のとおり、上の2人が前夫の子で、3人目だけ父親が違う。Cちゃんの父親は単身赴任中の浮気だったようで、母とは婚姻関係はありません。母は妊娠を隠していたが、妊娠に気づかれ中絶を迫られたときには中絶不可能で、その後、男性は姿を消したようです。

施設では子どもたちの行動観察をしています。3人とも落ち着いて生活している様子がみられます。これから母と子どもとの面接後、生活改善を促し措置解除の方向を考えています。

上野：A君は、1年前、1年生のときに転校してきました。人なつっこくて元気な子で、ひとり親世帯で下の弟の面倒をみるしっかりした子と聞いていました。今、思えば年齢不相応に大人びている面もあったと思います。担任の情報では、宿題をときどき忘れる、またはしてこないことがしばしばあったようです。また、今まで二度ほどですが、連続して無断で登校しない日が数日続いたことがありました。母とは十分連絡が取れたわけではありませんが、母の具合が悪い、きょうだいの面倒を見る必要があったという理由だったかと思います。問題のある家庭として学内の会議にはあがっていました。

今後A君は、どのようになるのか。学籍はいまでも、小学校になるので、どのようになるのか教えていただければと思っています。

秋葉：家庭への対応歴についてはすでにお話をしたとおりですが、アルコール依存が、子どもたちへのネグレクトに至る要因の一つともいえる問題だと考えられるので、まずは手がかりとして、その対応をしたいと考えています。治療歴などはわかりませんが、一時保護期間中、母のアルコール依存症の治療ができるよう受諾を促し、本人の自覚と回復に向けた行動につながる支援をしていきたいと思います。

ひとり親家庭で誰にも頼れず、経済的に不安定な中、3人を育てることは大変なことです。その母の心情をくみ取りながら、本質的には、母の治療および子育て負担の軽減など総合的に関わる必要があるように思います。先ほど、恵比寿児童福祉司から生活改善という話しが出ていましたが、やはり母の医療についても考慮してほしいと考えています。母の状況が何も変わらないまま、時が来たら、子どもたちが家に帰るという状況にはならないようにすべきかと思いますし、この家族が少しでも良い方向に向かうためには、母のアルコールからの離脱が不可決だと思います。その点での協力は、私にもできると思います。このまま子どもが家に戻ってもまた同様の事が起こりえる可能性が高く、慎重に対処していく必要があります。

母が保護所にいる子どもたちと面会する際には、ぜひ、その前後で母や子どもたちの状況をお伝え願いたいと思います（恵比寿児童福祉司はこの点について了承した）。

神保：B君とCちゃんの2人が1年前転入と同時に入園してきました。ひとり親家庭であり、母親が就労するという条件で入園の認定がなされています。保育所は、24時間対応なのですが、この子どもたちの契約は21時

までとなっています。

通所していたのは約1年間ですが、とにかく、お昼ご飯などは、2人ともがっつく感じがあり、朝ご飯も食べていない時も多く、朝は職員室でパンなどを食べさせることもありました。

何度か無断欠席があり、一晩迎えに来ない時もありました。登園やお迎えの時間が母親の都合で変更されることが多く、子どもは振り回されていたと思います。担任保育士の話では、母は飲酒しているのではと思うこともたびたびあったようです。

母は、執拗に、「親権を奪われる」との不安を口にしており、また、母親以外に親族を名乗る人が来ても、絶対に子どもたちを渡さないでほしいと頼まれたこともありました。

今後、保育所にまた通園ということもあるか教えてもらいたいと思っています。そうであれば2人の様子について保育所にも情報がほしいし、可能なら、私たち保育所も一度面会して、「待っている」と伝えたいとの思いがあります。そして、どのように接したらよいのかなどについてもご教示いただきたいと思います。

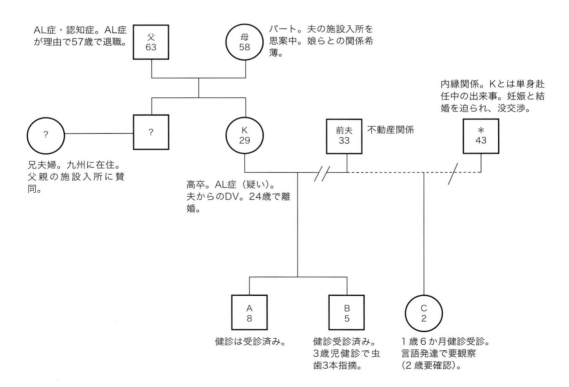

1回目個別ケース検討会議後のジェノグラム

§ 個別ケース検討会議に基づく各機関の対応

●個別ケース検討会議後の各機関の対応

〈保健センター（秋葉保健師）の対応〉

　秋葉保健師は、飲酒の状況の観察も兼ね、週1回程度の家庭訪問を重ねた
[▶ポイント]。しばらくは、会うと「児童相談所は子どものことを何も教えてく
れない」や「返す日は未定だとしか言わない」など児童相談所に対する不満は
相変わらずであった。

　秋葉保健師は、母の主張に耳を傾けつつ、措置の解除は児相が判断すること、
そのためにも児相の担当者と冷静に話をすることは必要なことであることや、
育児は長い道のりであり、母の心身の安定は子どもたちにとって、より大切で
あることなど繰り返し伝えた。それでも、家庭訪問を拒絶することはなかった
し、保健師に対する不満は聞かれなくなり、拒否していた児童相談所の面接に
も応じるようになっていった。

〈児童相談所（恵比寿児童福祉司）の対応〉

　一時保護後、恵比寿児童福祉司は、母に児童相談所への来所を求めたが、母
は一方的に措置解除を求めるばかりで、一度も面接に応じず過ぎた。1か月が
経過した頃、母との面接が叶い、数回の面接を経て、恵比寿児童福祉司から母

▶ポイント
この時期に密な家
庭訪問を重ねた保
健師の意図には何
があるでしょう。

に、子どもたちとの面会を提案した。

　面会時、B君とCちゃんは母親に駆け寄っていたが、A君は緊張した表情でぎこちなかった。母は笑顔も見せたが、A君の態度には困惑しているように見えた。恵比寿児童福祉司は母に面会を繰り返すよう提案し、母も了解していたはずだが、その数日後、母との連絡が途絶えた。

　恵比寿児童福祉司は、子ども家庭課の大塚相談員に、面会の経緯と連絡が途絶えている旨を伝え、市子ども家庭課に状況把握のための家庭訪問を要請した。

〈子ども家庭課（大塚相談員）の対応〉

　要請を受けた大塚相談員は、児童相談所が訪問する必要性を感じながらも、母に対応してきた秋葉保健師と協議した。母が子ども家庭課担当者と保健師が協働して子どもたちを保護したことに対する疑心暗鬼が、まだ拭えていない可能性を考慮して、同行訪問は得策ではないと判断して、この間、母と関係を築いている秋葉保健師による家庭訪問を行うことが自然ではないかと児童相談所に提案し、理解を得た。

●秋葉保健師と母の面談と母の変化

　秋葉保健師が家庭訪問をしたが、不在であった。「子どもたちとの面会はどうでしたか。心配しています。連絡を待っています」と記したメモをポストに投函し、保健センターに戻った。しばらくして母から電話がかかってきた。

　母は一時保護所に面接に行き、"母親としてちゃんとやれるか試された"と口にした。また、母は、A君が母に対し嫌悪感を抱いていると察知したようで、その状況を児童福祉司に見られたことから、私に対する印象は悪くなったと気落ちしたようである。「仕事をしなければ」と焦り、昼間の職を探しに数少ない友人を頼りそのまま友人宅にとどまることとなった。

　母に自暴自棄の様子が見られたが、秋葉保健師が、面接を勧めると、気が進まない様子ではあったが、母は保健センターに来所した。そこで秋葉保健師は、母の子どもの観察力そのものを一定評価し、母に次の内容を提案・説明を行った。

〈母への提案・説明〉

・安定した環境を取り戻し、子どもと向き合うことを提案。
・心身の医学的精査の必要性を自覚し治療を優先すること。特に、自身のアルコール問題に向き合うこと。そのために同行受診を提案。

- 経済的課題は、生活保護制度の利用で解決できることを説明。生活保護を受けることについて負い目を感じる必要はない。
- 母親役割という重荷を背負ってきたAについて、母が行動を変えることで、A君の心の支えになることを説明。

　母は、秋葉保健師の提案をほぼ受け入れ、同行受診の日程も決定した。秋葉保健師は、大塚相談員と恵比寿児童福祉司に状況を報告し、受診後に、再度個別ケース検討会議を開催し、子どもたちと母の今後の支援について考えたい旨を提案した。

§ 第2回個別ケース検討会議から新たなステージへ

●参加者

恵比寿	児童福祉司
上野	教頭
神保	園長
永田	保育士
秋葉	市保健センター（地区担当）保健師
大塚	子ども家庭課相談員
高田	子ども家庭課相談員（保健師）

●報告

秋葉：母からこれまでの経緯についていろいろと話を聴くことができました。
　　　母によると、前夫（A君、B君の父親）は不動産業を営む資産家の一人息子で、B君妊娠中に女性関係問題が発覚し、母は家を出ています。毎月養育費10万円の送金を約束して離婚になっています。3か月前から急に振り込みが滞り、問い合わせをしたところ、親権の変更を申し立てたと告げられたようです。
　　　親権を奪われると思ったら、混乱し、とにかく働かなくてはと焦り、昼の仕事に加え夜の仕事を増やしたようです。親権変更については、その真偽も含めて確かめる必要があると思っています。
　　　クリニックに同行受診しましたが、受診の結果、主治医よりアルコール依存症と告知され、教育入院を勧められました。本人はこれを拒否し、通院治療となっています。入院すれば前夫に子どもを連れていかれてしまうと考えたのかもしれません。

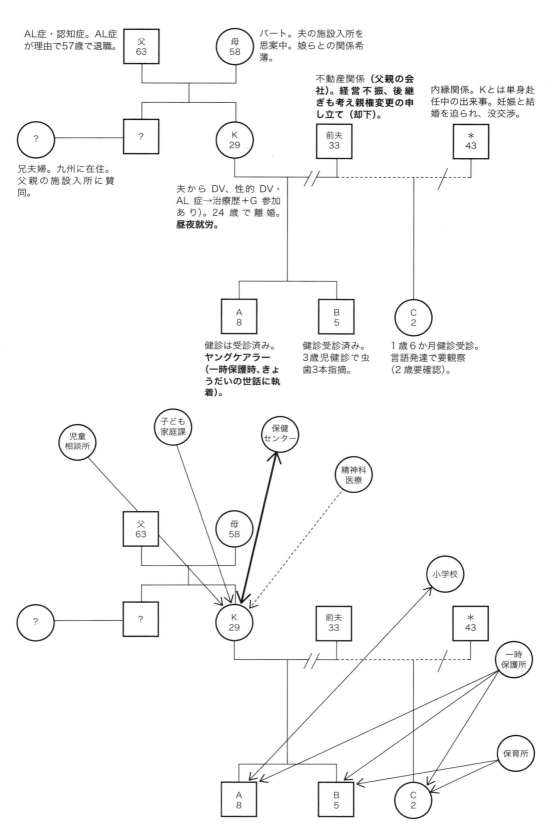

AL症・認知症。AL症が理由で57歳で退職。

父
63

母
58

パート。夫の施設入所を思案中。娘らとの関係希薄。

不動産関係（父親の会社）。**経営不振、後継ぎも考え親権変更の申し立て（却下）。**

内縁関係。Kとは単身赴任中の出来事。妊娠と結婚を迫られ、没交渉。

?

?

K
29

前夫
33

＊
43

兄夫婦。九州に在住。父親の施設入所に賛同。

夫から DV、性的 DV・AL 症→治療歴＋G 参加あり）。24 歳で離婚。**昼夜就労。**

A
8

B
5

C
2

健診は受診済み。**ヤングケアラー（一時保護時、きょうだいの世話に執着）。**

健診受診済み。3歳児健診で虫歯3本指摘。

1 歳 6 か月健診受診。言語発達で要観察（2 歳要確認）。

児童相談所

子ども家庭課

保健センター

精神科医療

父
63

母
58

?

?

K
29

前夫
33

＊
43

小学校

一時保護所

保育所

A
8

B
5

C
2

2回目：個別ケース検討会議後のジェノグラム・エコマップ
（太字は1回目から追記部分）

恵比寿：保護所では、当初、Ａ君は、周囲に気遣いながらＢ君とＣちゃんの面
　　　　倒を見ている様子がみられました。職員は、Ａ君はヤングケアラーの役
　　　　割を負っていたと表現していました。一方、ＢとＣは、最初は互いに離
　　　　れようとせず、保育士にもべったりでした。Ｂ君からは、きょうだいだ
　　　　けで夜を過ごすことが多かったと思わせる発言も聞かれました。Ｃちゃ
　　　　んは、保護初日から就寝時に保育士から離れず、母親を恋しがることは
　　　　なく眠りについていました。現在、３人は落ち着いて生活ができており、
　　　　Ａ君は、徐々にＢ君やＣちゃんの「お世話を焼く」という状況から自分
　　　　の時間を過ごすようになってきています。勉強にも集中する時間帯が出
　　　　てきています。

　　　　なお、前夫の親権変更申し立てについては事実でしたが、却下されたそ
　　　　うです。母が不安定になる要因も１つ解決したと言えます。母の治療開
　　　　始の話もあったので、子どもの状態次第で、今後の地域での継続支援体
　　　　制が整えば一時保護解除の方向の準備に入ることができます。

●協議

神保：保護が解除されたのちは、保育所の通所は再開されることになりますか。
　　　Ｂ君とＣちゃんを思えば胸が痛みます。保育所としてどのように対応す
　　　ればよいか不安ですが、少なくとも保育所にいる時間は、楽しく過ごさ
　　　せてあげたいという気持ちになっています。やはり、一度会って「待っ
　　　ているよ」と言ってあげたいのですが、どうでしょうか。

上野：保護解除の日は決まっているのですか。そうでなければ決定したときに
　　　は、すぐに連絡をいただけるのですか。学校への登校がすぐ再開すると
　　　考えてよいでしょうか。しばらく学校を休んでいたことについて、生徒
　　　にどのように伝えるか、担任教諭を含め学校内で共有すべき点は何かな
　　　ど整理し、十分に準備をして混乱のないように、２人を迎え入れたいと
　　　思います。

　　　Ａ君が学校に戻ることはよいことだが、今後何かある場合には、私たち
　　　は、誰に相談すればいいのかについても、決めておいていただけると助
　　　かります。

恵比寿：Ｂ君、Ｃちゃんについて保育園の先生との面談はお母さんとも相談し
　　　　実現できるようにしたいと思います。

大塚：解除後の対応ですが、子どものことであれば子ども家庭課で大丈夫です。
　　　私が窓口になります。母親の医療のことについては、秋葉保健師と協力

しながら対応します。いずれにせよ、子ども家庭課に連絡をもらえれば
対応できます。

　個別ケース検討会議の後、生活保護担当の馬場ケースワーカーを介して、母
と子どもたちの受給が開始された。
　秋葉保健師は、アルコール依存症の治療経験豊富な医師を主治医として、治
療を進めていくにあたり、主治医、恵比寿児童福祉司や秋葉保健師、大塚相談
員、馬場ケースワーカーと臨時に話し合いをコーディネートし、児童相談所は、
主治医が勧める教育入院を導入するための子どもたちの一時保護延長を決定し
た*2。
　恵比寿児童福祉司の配慮で保育所の永田園長、神保保育士も、保護所でB君、
Cちゃんと面会することができ、2人には、「保育所で楽しみに待っているから
ね」と伝えられた。上野教頭は担任教諭からA君にあてた手紙を恵比寿児童福
祉司に託すことができた。

§ 第3回個別ケース検討会議

　要対協調整機関（子ども家庭課）から提案で、第3回の個別ケース検討会議が、
馬場ケースワーカー、一時保護所の保育士および児童相談所の児童心理司、そ
して母も加わって開催された［▶ポイント］。

▶ポイント
母も加わっての
ケース会議の意義
について考えてみ
よう。

　検討の主なテーマは、「母が教育入院を終え、3人の子どもの保護が解除さ
れることの共有と新たな在宅養育に向けた支援について」であった。
　一時保護施設の保育士は、A君は一時保護時には、B君とCちゃんのおむつ
替えや着替え、食事の手配など、母が負うきょうだいのケアを担っていたこと
や、3人とも甘え方が上手ではなく、特にCちゃんは1人の保育士を占領する
時期があったり、B君は保育士が他の児と話すのを見てイライラして大声を出
すなど反応があったことを伝えた。
　A君の母の面会時の素っ気ない態度もその1つであるが、そうした反応は3
人とも母親に抱きしめてほしい／甘えたい欲求の表れだと考えられること、3
人は母親を求めていることを母に伝えた。

＊2　2017年の児童福祉法の改正で、一時保護を2か月を超えて延長する場合で、保護者の
同意が得られない場合、家庭裁判所の承認が必要とされています。

秋葉保健師は、アルコール依存症からの回復過程（アルコールを飲まない毎日の積み重ねであり、ドロップアウトも繰り返す可能性は否定できないことなど）について母の前で説明し、関係者の協力を呼びかけた。

恵比寿児童福祉司からは、特にA君への支援について解説も含めて協力要請があった。

母は、自分だけが大変だと思い込み、自分が特にAに過度に期待しすぎたと思うと述べ、さらに、不満を子どもにぶつけていたと秋葉保健師と話す中で気が付いたことが述べられた。また、Aを妊娠する前にもAL症との診断は受けていたことを話したうえで、アルコール依存症の治療について、医師からは、受診だけではなく、自助グループへの参加なども勧められていることも話された。そして、子どものために頑張りたいと検討会メンバーの前で小さな声だがはっきりと述べていた。

Q5 子ども虐待とヤングケアラーの関係について教えてください。

ヤングケアラーの法令上の定義はありませんが、本来であれば大人が担う家事や家族の世話などを日常的に行わざるを得ない子どもを指します。子どもが幼いきょうだいの面倒を見たり、アルコールや薬物、ギャンブル問題を持つ親の代わりを務めたりすることも含まれます。ヤングケアラーは、世話に時間が奪われ、学校に行けなかったり、友達と遊ぶ時間がなかったり、クラブ活動もできなかったり、勉強に割く時間も不足しがちです。大人になり、対人関係がうまく結べないなど、子どもの将来に影響を及ぼすことも考えられます。本来、最も守られ、愛されるはずの子どもがその権利を侵害されている可能性も指摘されていますし、子どもの健やかな成長や生活への影響も大きいことからネグレクトや心理的虐待に至る場合もあるとされています。

しかしながら、虐待対応や予防を担う要対協のヤングケアラーの概念の認識度が3割弱にとどまっていたことは課題であり、厚生労働省子ども家庭局家庭福祉課長通知「要保護児童対策地域協議会におけるヤングケアラーへの対応について」[*1] が発出され、認識を促しています（2019年7月4日付）。

また、厚生労働省、文部科学省による初めての実態調査結果報告（2021年3月：学校や要保護児童対策地域協議会、全国の中学生や高校生を対象）が公表されており、「世話をしている家族がいる」という生徒の割合は、中学生が5.7％でおよそ17人に1人、全日制の高校の生徒が4.1％でおよそ24人に1人でした。

＊1　厚生労働省ホームページ https://www.mhlw.go.jp/stf/young-carer.html

Q6 アルコール依存症の治療と回復について教えてください。

　アルコール依存症は、個人の心身を冒すのみならず、対人関係や家族関係、ひいては社会生活に深刻な影響を及ぼしうる病態です。現在、日本ではアルコール依存症を患っている人は80万人以上と推定されています。アルコール依存症の治療は、補助的に薬物療法（嫌酒薬や飲酒欲求減退薬）も用いられますが、治療の中心となるのは集団精神療法や、同様にアルコール問題を抱える人たちの自助グループ（Alcoholic Anonymous; AAや断酒会）に参加することです。

　回復の第一歩は、自らのアルコール問題（酒のために仕事が続かない、家族に乱暴な言動をとる、友人を失う、飲酒運転、肝臓や膵臓の障害等）を認めることですが、「否認の病」という別名があるとおり、この一歩を踏み出すこと自体なかなか大変です。また、アルコール問題を認識して断酒を決心した人でも、短期間の断酒は比較的容易でありながら、再発（再飲酒）を起こしやすく、あっという間に断酒前の状態に戻ってしまうことが珍しくありません。

　アルコール依存症者も、最初からアルコールに耽溺したいと思っているわけではありません。さまざまの日常生活上のストレス状況を契機とした気晴らし飲酒（あるいはやけ酒）のような飲み方から、徐々にアルコールの魔力に囚われ、日がな酒を手放せない状態に陥ってゆくプロセスをたどります。したがって、自助グループへの参加状況を見守りながら、個人療法と集団療法を組み合わせてこの病態の理解を深め、ストレス対処能力を高めていく長期的な治療と支援が必要となります。

レビュー ....

　親は、日々の生活の中で子どもの甘えの欲求に気づき、それを満たし、子どもとの基本的信頼関係を築いていきます。その信頼関係をもとに学童期は、子ども同士の関わりなどを通し、善悪の判断や規範意識を形成するなど社会化の力を養う時期です。発達心理学者エリクソンの心理社会的発達理論で言えば、課題に取り組む体験を重ね、自分の「能力」を自覚し、自信をつけていくときと言えます。もちろん、どんなに一生懸命に課題に挑んでも得意分野も不得意分野もありますから、親や周囲の大人が側方／後方でサポートすることも大切になります。A君はどうでしょう。家賃の滞納を心配し、自分で工面しようとしたり、きょうだいの食事の確保のための行動をとったりしていました。8歳で親役割を代行していたのですから、挑む課題としては不適切です。一時保護後もしばらくは、きょうだいの面倒を献身的にみる態度が見られました。年齢不相応の課題は、自分の頑張りや努力による成果に結び付きにくく、したがって認められる機会も少なくなりがちです。「自分ではだめなんだ」という不要

の「劣等感」を抱かせてしまうことにもなります。

　アルコール依存症の母親の言動は、3人の子どもに対するマルトリートメントであり、A君の年齢相応の育ちを妨げていたと言えます。

　本事例は、残念ながらコンビニの通報などは積極的支援につながらず、A君が借金を担任教諭に申し出たことで本格的に事例化しました。母親はアルコール依存症未治療者でした。アルコール依存症は、「酒の問題はない」と自分が依存症であることを認めない「否認の病」とも言われます。対応方針が立っても、治療に結び付きにくく、支援は停滞しがちになることも稀ではありません。

　A君（BくんもCちゃんも）の健全な育ちを保障するためには、母親が自ら治療を選択し、酒に頼らない日常を取り戻し、子どもたちと向き合う必要がありました。今回のように泥酔して朝帰りした母親を目前にでき、タイムリーに子どもを保護し、母親と対話を開始できたのは、A君の発信を機に学校と保健センターが即情報を共有できたためで、よいタイミングでした。機会を逸すれば介入が以前のように指導で終わりかねません。関わりの糸口と判断できた場合には、積極的に介入する努力をしたいものです。

　秋葉保健師は、Cちゃんの半年前の健診とフォロー予定であったことを"ついでに"、家庭訪問をしました。保健センターは従来、発達障害児や被虐待児への対応のために、学校からの相談が入りやすい存在になることを意識して関わってきました。そのために、幼児期から学校につなぐ要連携事例には積極的に取り組み、学校との顔の見える関係性を構築してきた経緯がありました。今回の学校からのSOS発信も、その背景あっての成果と捉えました。ここで一緒に考え動く態度が、後々のこの家族のサポートネットワークに役に立つと考えた秋葉保健師は、機を逸しない家庭訪問をしたのです。学校に対し子ども家庭課への「通報」を促すことが保健師の役割との意見もあります。しかし、今回は、保健師が家庭訪問をしました。狭義の守備範囲と捉えればのりしろ的関与になるかもしれませんが、家族支援の糸口を見出してタイミングを逃さない働きかけと捉えれば、本来の保健活動です。学校が直接家庭訪問をためらうという関係機関の内情を尊重し、家庭訪問が可能な保健師が、子どもの最善の利益を守り抜くために訪問をするという行動は関係機関間の切れ目をなくす方策の1つとも言えます。

　学校がファーストコンタクトをとった保健師が実際に訪問したことで、個別ケース検討会議に学校は最初からメンバーとして参加しました。子どもは措置され、現時点で通学の事実はないので参加は不要との見解を示すことも可能だった学校が、秋葉保健師の要請に応じて参加しました。検討会は、関係者間の

考え方の齟齬にも対応し、子どもへの対応の検討に加え、家族背景のコンセンサスを得たり、一時保護の措置解除には、母親のAL症治療開始を条件にする必要性や関係者間でのAL症と虐待の関係、治療の困難性の理解を促す機会を設けるなどに使われました。学校、保育所も個別ケース検討会議に参加することで、措置解除後の子どもへの対応などに関心もふくらみ、一時保護所での面会に至ったり、一時保護所が個別ケース検討会議に参加するなど支援ネットワークの強化につながっていったと思います。特筆すべきは、3回目の個別ケース検討会議に母自身が参加したことです。その場で、自身のなぐさめや安心、満足を求め、それが満たされないとその不満を子どもにぶつけるといったこれまでの自分を認めました。関係者からの意見に耳を傾ける母の姿勢は、自分と向き合い家族との再スタートのコマを自ら進めるという土台に立ったといえる転機となりましたし、関係者にとっても家族理解を深める機会になりました。

　個別ケース検討会議を重ねることは、各々の関係者が、自分の所属に関連する直接の対象のみならず、対象を拡大させ、本事例で言えばA君やきょうだい、母親を点ではなく、面として支援していくネットワーク形成の機能も果たしました。

　すなわち、個別ケース検討会議が、家族を中心としたチーム構成に必要なプロセスをたどる場であり、家族を真ん中に考えるチームの中で自分の専門性を確認する機能を果たしたと言える好事例であったと言えるでしょう。

Case 2

機能不全家族に育つ若者が、解放を求めて家を出たあとの保護・支援と、その後の家族形成支援について

実父の酒癖の悪さからくる暴力や両親の離婚、母の再婚による義父との関係に苦悩し、居場所を得ることができなかった未成年A子が、家を出て、子どもシェルターに自らアクセスしてきた。

概要

A子は、幼少期から思春期にかけて、アルコール依存症の父親から母とともに暴言・暴力被害を受けてきた。A子が12歳（小6）のときに両親は離婚するが、14歳（中2）のときに母親は再婚した。その後、実母と継父との間に妹が生まれ、家族関係に悩んだA子は、17歳（高2）のとき、母親に黙って家を出た。A子は、検索で知った子どもシェルターに自らアクセスして、シェルターの弁護士を介して、自立援助ホームにつながったが、妊娠がわかり自己退所する。パートナーからの中絶強要・恫喝などDVを受け、人間としての尊厳はさらに深く傷つけられるが、社会的支援を受けながら出産にこぎつけ、再出発を果たした。

§ A子のメール発信から子どもシェルターにつながるまで

　ある日、A子から子どもシェルターへのメール相談が入った。
「今夜、泊まるところがない。どうしたらいいですか。お金もありません」

　日暮（事務局担当弁護士）は、シェルターに空きがあることを確認したうえで、「連絡してくれてありがとう。シェルターの弁護士の日暮です。A子さんの話を聴いたうえで、これからどうするかをいっしょに考えてくれる弁護士がいます。電話でお話できますか？」と返信した。電話番号だけを伝える返信があったことから、返信のお礼とともに、荻窪弁護士（子担当弁護士）からA子に電話をする旨を伝えた。荻窪弁護士は、早速電話をし、ファミレスで会う約束をした。

●ファミレスでの面談

荻窪：A子さんですね。さっき、電話でお話をしたシェルターの子ども担当の弁護士の荻窪です。連絡してくれてありがとう。会えてよかった（まずは、つらい思いをしてきたことをねぎらい、そして連絡してくれたことを承認し、現在の状況について聞き取りをした）。

A子：家を出てきて1週間になる。最初は友達の家に泊めてもらっていたけど、居づらくなって、ネットカフェを使っていた。お金もないし、SNSで泊めてくれそうな人も探したけど、スマホで検索していたら、子どもシェルターというのを見つけて、私なんかが大丈夫かなと不安だったけどメールしてみた。

家には、母（40）と3年前に再婚した継父（47）と2歳の妹がいる。妹は、今のお父さんとお母さんの子です。お父さんとお母さんは、夜になると出かけます。帰ってこないこともあります。私は、妹の面倒をみなければならなくて、学校を休むこともあります。妹の面倒をみないとお父さんに怒鳴られる。お母さんは何にも言いません。妹のことが心配だし、かわいいけど、なんでこんなことばかりさせられているのと思ったら、いやになって家を出ちゃった。

荻窪：シェルターにたどり着いてくれてよかったよ。よくがまんしてきたね。シェルターは、居場所がない子どもが避難してこられる居場所なんだ。でも、未成年だと、シェルターが勝手に泊めることはできない。お父さん、お母さんにそんなことは許しませんと言われたら、いくら弁護士でも何もできないんだ。だから、あなたが家にいられない事情を児童相談所に理解してもらって、児童相談所の力を借りて、A子さんを保護してシェルターに預けるという形をとる必要があるんだ。それでも大丈夫かな（A子はうなずく）。

だからといって、児童相談所にすべて任せるわけではなくて、私があなたの担当の弁護士として、シェルターにいる間に、あなたの立場に立っていっしょにこれからのことを考えます。もちろん、今後のことも児童相談所の力が必要なんだけれども、一番大事なのは、あなたがどうしたいかだから、A子さんは、自分の意見をちゃんと児童相談所に伝えていいんだよ。あなたの意に反するような話になりそうだったら、私からも伝えるから安心して。

それから、シェルターにはスタッフがいて、あなたの日常の面倒をみてくれます。スタッフからも話があると思うけど、シェルターの場所は、

そこにいる子どもの安全を考えて誰にも知らせないことになっています。これはとても大事なことです。例えば、仲のいい友達に対しても場所がわかるような話はしないという秘密は守れますか（A子はうなずく）。

荻窪弁護士は、シェルターに連絡を入れ、A子を連れて行くことを伝える（準備が整うまでの間、A子からこれまでの話をさらに聞く）。

Q1 子どもシェルターについて教えてください。

　居場所を失った子どものために、弁護士が関わる形で、社会福祉法人、NPO法人として運営されている、子どもが駆け込むことのできる居場所です。多くの場合、子どもにはそれぞれ子ども担当弁護士がついて、子どもの考えも聞きながら、子どもの最善の利益を図ります。2004年に、現在の社会福祉法人カリヨン子どもセンターがNPO法人として設立されたのが先駆けになります。

　自立援助ホームの基準に従い認可されている法人の他、自立準備ホームとして認可されている例もあります。また、シェルターに保護された子どもを児童相談所の一時保護として扱うとする協定を児童相談所と締結しているところもあり、法的体制も整ってきています。子どもからの直接の相談の他、児童相談所等公的機関から委託を受けるなどシェルターにつながるルートはいろいろです。

　また、シェルターはあくまでも一時的であることから、シェルターの次の居場所として自立援助ホームを別に設立する法人もあります。現在、全国で22のシェルターが開設されており、子どもシェルター全国ネットワーク会議も開かれています。

●関係者によるカンファレンス

●参加者

浜松	児童相談所児童福祉司
荻窪	子どもシェルター子担当弁護士
五反田	子どもシェルター顧問精神科医

浜松：荻窪弁護士からの連絡を受けたので、受理会議を開き、その場で一時保護が妥当と判断され、それを前提として、A子の父母に来てもらいました。一時保護を、通知書とともに伝えると、継父が「A子はどこにいるんだ、教えろ」と荒っぽく言いました。さらに、「妹の面倒は誰がみるんだ」と怒り心頭でしたが、こちらからは、妹の養育の責任は父母にあることを伝え、最終的には、「勝手にしろ」と捨て台詞を残して引き上

げました。その後、父母に連絡を取っても応答がなく、現在当所では、妹の安全確認をしている段階にあります。

荻窪：A子は、最初は口数も少なかったのですが、少しずついろいろと話してくれるようになりました。母は、A子が小学校6年生のときにA子の実父と離婚したこと、そして、実父は、いつも酒を飲んでいて、暴れることは日常だったとのことです。A子と母は、父から暴力を振るわれ続けてきたことを話してくれました。

A子は、父の暴力が怖くて、母と一緒に隣の部屋で父が酔いつぶれて眠るまでおびえて、じっとしていたことや、殺されるかもと思うほど恐怖を感じることもあって部屋から出られなかったと話してくれました。離婚の話は、一度、母が父に切り出しましたが、父は激怒し暴力が始まったので、それ以降は離婚の話はしていないだろうとのことです。ある日、いつものように父が酔いつぶれて寝た後に、母と2人で家を出たと言っていました。A子は、母に特段優しくされた記憶もないが、あの時は、私も連れて出てくれたことには感謝していると話しました。

A子は、中学時代は友達もできずに死にたいと思うようになり、リストカットをしたり、万引きなどもしたようです。これに対して、母は、A子を無理やり、知り合いの精神科に連れて行ったようです。カウンセリングに来るように言われたようですが、A子はその後一度も行っていないようです。なんとか高校に入ったものの結局、続かずに1年で退学したと言っています。

離婚後、母は、夜の仕事を始めたようですが、帰ってこないこともあり、あるとき、突然、今の父親を紹介され、同居するようになったとのことです。その後、父と母の間には妹ができ、妹の面倒をA子がみなければいけなかったことなど、家を出る経緯については、A子との面談時の報告どおりです。

浜松：これから、A子さんとは面談をする機会を持つことになりますが、今の情報ですと心理的な支援、さらに医療も必要かもしれません。今後は、自立援助ホームを考えることになりますが、本人の自立の支援は継続的に行う必要もありそうです。いかがでしょう。

五反田：この間、A子には、荻窪弁護士に同行してもらう形で診察に来てもらいました。幼少期に長期にわたる父親からの暴力に日常的にさらされてきたようです。死にたくなったり、リストカットなど繰り返した時期があることも本人から聞いています。家庭の中でアルコールに依存し暴れ

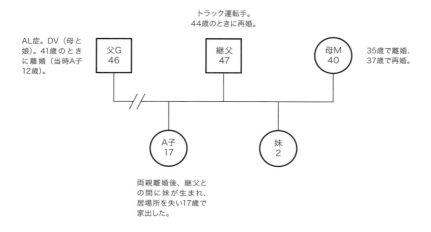

トラック運転手。
44歳のときに再婚。

AL症。DV（母と娘）。41歳のときに離婚（当時A子12歳）。

父G 46　継父 47　母M 40

35歳で離婚、37歳で再婚。

A子 17　妹 2

両親離婚後、継父との間に妹が生まれ、居場所を失い17歳で家出した。

関係者カンファレンスで共有したA子の家族図

るものがいれば仮に自身が直接暴力を受けなくても、子どもにとって深刻な恐怖体験です。そんな中で自分も暴力被害に遭ってきたのです。子どもが自殺願望を抱くことや自傷行為を表すことは珍しくありません。避難したはずのネットカフェでも店員が後輩の店員を怒鳴る場面を目撃するなど怖い思いをしたみたいですね。幼児期にそのような体験をすれば、脳の発育に影響を及ぼし、成長後に何らかの機能障害が顕在化する可能性があるということも知られています。診断するならPTSD（心的外傷後ストレス障害）です。長い目でA子を支えていく必要があります。現在の不安が収まっても、今後うつ状態とか、神経症症状とか、何らかの症状が現れれば、いつでも私のクリニックにご相談ください。

荻窪：そうですね。本人は、自分にとって居場所のない不安定な家を出ることに精一杯で、先のことを考える状況にはないかと思います。あまり急がず、本人の様子を見ながら進める必要があるのですね。今後のことを考えるにあたっては、できるだけ本人を交えて、本人の意見に耳を傾けながら進めていく必要があるかと思います。必要時には、また先生のところを受診することも視野に入れながら様子を見ましょう。

§ A子の自立援助ホームへの入所と妊娠発覚後の自己退所

　A子は、保護者の同意を得る形で、一時保護期間中、シェルターで暮らし、その後、自立援助ホームに移ることとなった。1年経った頃、バイト先で知り

合ったB男と交際を始めるが、ある日、しばらく生理がないことに気づき、市販の検査薬で妊娠していることを確認した。医療機関を受診し、妊娠（20週）が確認されたので、A子は迷うことなく妊娠届を保健センターに提出し、母子健康手帳（以下、母子手帳）の交付を受けた。数日後、A子は自立援助ホームの職員に何も言わないまま、ホームから立ち去り、パートナーのアパートに転がり込んだ。A子としては、パートナーと一緒に暮らし、2人で新しいいのちを迎えようとの心算だった。

　しかし、A子がアパートに住みつくようになって間もなく、当初は妊娠を受け入れる発言をしていたB男の態度が一転し、B男は中絶しろと迫り、ときに大声で恫喝するなどA子へのDVを繰り返すようになっていった。アパートの大家は、A子がB男に怒鳴られているのを何度も耳にして心配になり、民生委員に相談した［▶ポイント］。民生委員は、市の地域福祉課（民生委員担当課）にこれを伝えると、市の女性相談窓口（DV担当部署）と母子手帳をもらった保健センターの保健師の助力が必要だと言った。民生委員は、大家に、可能であればA子に、民生委員または相談窓口に相談することを促してほしい旨伝えた。

　大家は、市のDV担当に相談しようとA子に勧めたが、A子はすぐには首を縦に振らなかった。しかし、母子手帳の交付の際に面接をした秋葉保健師のことは覚えており、そこであれば相談してもよいと言った。A子は、大家から紹介を受け、民生委員とともに保健センターを訪れ、秋葉保健師と面接した。秋葉保健師は、母子手帳交付面接の際に、未成年・未婚での妊娠であり、経済的にも安定していない状況下の出産になるので、心配しており、妊婦健診の受診状況などについて連絡をとろうと考えていた。A子は、秋葉保健師に対して、幼少期からこれまでの経過について、隠すことなく語った。そして、A子は、「産みたい」とあらためて妊娠継続の意思を表明した。

　保健センターの秋葉保健師は、A子の支援には、市の子ども家庭課の支援も必要と考え、要保護児童対策地域協議会（以下、要対協）への特定妊婦としての登録と個別ケース検討会議の要請をした、後日、関係者が集まってのケース検討会が開催された。

§ 個別ケース検討会議とA子（特定妊婦）の支援

●参加者

田端　　　市の男女共同参画課DV担当部署相談員

▶ポイント
民生委員とは、厚生労働大臣から委嘱され、地域において住民の立場に立って相談に応じ、支援を必要とする住民と保健や福祉など行政や専門機関をつなぐパイプ役割を果たします。児童委員も兼ねています。

大塚　　子ども家庭課要対協事務局保健師
秋葉　　保健センター母子保健担当兼地域担当保健師
永田　　自立援助ホーム相談員
五反田　子どもシェルター顧問精神科医
荻窪　　子どもシェルター子担当弁護士

大塚：それでは、特定妊婦として受理されたケースについて検討を始めます。秋葉さんからよろしくお願いします。

秋葉：以前にも関係者でカンファレンスを開いたと聞きましたが、要対協の個別ケース検討会議で検討できることは良かったと思っています。

A子は父親からの暴力と母と再婚相手との生活に居場所を見出せずに、自ら家を出てシェルターにたどり着き、自立援助ホームで生活していたと聞いております。自立援助ホームから出ていったこともうかがっております。その後の消息はしばらく不明でしたが、妊娠が判明してパートナーのB男のところに行ったとわかりました。

A子が子育て世代包括支援センターに母子手帳の交付申請に来たときに初めて話を聴いたのが私です。市販の妊娠キットで妊娠していることがわかったので来たと言っていました。未成年で未婚、パートナーと結婚する予定はなく、経済的に余裕はないと聴きました。18歳で妊娠20週でした。①妊娠に気づいたのは16週頃、②市販の妊娠検査薬で確認し、驚いたが、うれしい気持ちになった、③パートナーのB男には、すぐ報告した。彼も驚いたが「良かったじゃん」と喜んでくれた、④産みたいという思いがつのり、母子手帳をもらいに来たことを把握しています。産婦人科を受診していないとのことだったので［▶ポイント］、母子手帳の交付には医師の診断が必要であると説明し、病院を紹介のうえ、再度来所を促しました。A子はすぐに受診して戻ってきました。

出産には前向きで、パートナーも合意しているとのことでしたが、年齢や未婚などの理由で支援が必要な特定妊婦と判断し、継続的に関わる予定としました。ただ、タイミングが悪いのか、会うことができずにいました。今回民生委員さんと一緒に来所していただいて助かりました。パートナーのことも少し聞きましたので、ジェノグラムに整理しています。なお、B男には覚醒剤所持歴があり、気になります。

妊婦健診には定期的に受診しているということでした。パートナーと3人で話し合いたいと提案しましたが、自分で説得してみるとのことでし

▶ポイント
産科で受ける妊娠検査：産科で妊娠検査を受ける（初診）と5000円～1万円程度の費用がかかります（自費診療であり、100％自己負担です）。2021年以降、予期せぬ妊娠をし、経済的困窮の理由から妊娠検査が受けられない場合、保健師が同行し初診料を国と自治体で2分の1ずつ補助する事業もはじまっています。

たので、それを待ちました。彼女は、B男から追い出されるのではと心配しています。たとえ、追い出されなくても中絶しろと言ったり、子どもが生まれてくるのを喜べない男性の傍で妊娠中過ごすことは、難しいですし、近いうちに無理が来るかと思います。18歳ですし。例えば、以前入所していた自立援助ホームにお世話になることは可能ですか。

永田：そうですね。自立援助ホームは、なんらかの理由で家庭にいられず、家族も含め他の援助を受けることができない状況で「自立」を強いられ、働かざるを得なくなった15歳から20歳までの子どもたちに、暮らしの場を与える施設（児童福祉法第6条の3）ですので、A子は該当者ではありますが、妊婦ですからね。婦人相談所で相談し、保護施設を利用するというのはどうですか。2001年4月からは配偶者暴力防止法により、配偶者暴力相談支援センターの機能を担う施設の1つとして位置づけられているので、産後についても母子生活支援施設に移行しやすいのではと思いますが。

大塚：出産まではとにかく、保健センターの保健師と児童相談所とも連携していただいて支えることになりそうですか。生活の場も、B男といるより、別の生活場所があったほうが安全かと思いますね。本人の意向を確認しながら、婦人相談所とつながるよう支援は必要そうですね。妊娠中そして産後の育児環境も視野に、DV担当部署の田端さん、相談に乗ってい

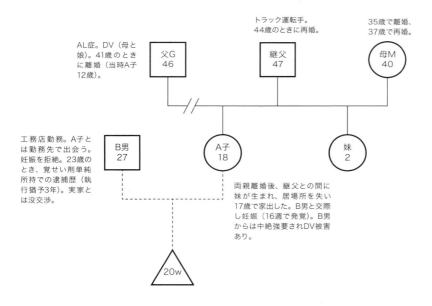

特定妊婦となり個別ケース検討会議で共有したジェノグラム

ただけますか。

田端：A子さんに相談の意思があれば対応したいと思います。DV対応は、本
　　　人に相談の意思があることが前提ですから。

大塚：本人が相談してみようと思うまでも支援の一環だと私は考えます。出産
　　　を終えてからの方が大変そうです。とりあえず産後は、早急に集まり、
　　　保健師さんらの見立て中心に方向性を皆さんで出し合い共有しましょう。

§ A子がCちゃんを出産するまで

　個別ケース検討会議以降、秋葉保健師は田端相談員と連絡を取り合いながら、
A子の妊娠生活を支えた。B男は、A子がいるアパートには、たまに戻ってく
る程度で寄り付かなくなっていた。アパートで鉢合わせになると、B男は、「俺
は、面倒は見れねーからな、勝手にしろよ」と吐き捨てるように言って出てい
き、話し合いにもならない日々が続いた。

　A子は妊娠週数が進むにつれ、現実的に出産を考え始めていると評価した秋
葉保健師は、生活保護担当の神田ケースワーカーも交え、妊娠・出産・育児に
向けて必要になるお金なども話し始めた。神田ケースワーカーは実母と継父の
扶養義務優先と主張した。これに対して、A子は親には頼れないし、頼りたく
もないと強く訴え、生活保護受給を希望した。

　秋葉保健師は、妊娠・出産についても両親に伝える気はないと言うA子の意
思の根底にあるものに理解を示し、神田ケースワーカーに対して生活保護につ
いての再検討を求めた。五反田医師の意見もあり、診断書を添える形で、生活
保護の申請を行うこととしたが、秋葉保健師と神田ケースワーカーは、同時に
A子に親に経緯を説明する必要性も伝え続けた。他方で、秋葉保健師は、前回
の個別ケース検討会議で確認されたように、A子にDV相談を促し、相談の意
思があれば保健師も同行する旨を伝えたが、「敷居が高い」「B男にばれたらど
うしよう」などの理由から、DV相談にはなかなか踏み切れない様子だった。

　実際A子は、B男の家を出てアパートを探すことには消極的であった。新し
い居住地も決まらないまま予定より1週間早く、A子は、39週で女児（出生時
体重2540g）を出産し、B男のアパートに退院した。B男は、子どもが生まれた
ことを知ると、アパートにいる時間が増えた。

　新生児訪問時、A子は、B男はもともと優しい人。大きな声で怒鳴られると
父を思い出し、胸が苦しくなるが、今は、子どもも抱っこしてくれる。やはり

一緒にいたい。「私にも悪いところがあったし、少しは我慢しなければならない」と言っていた。

　A子がB男に期待する話を聴きながら、秋葉保健師は、DV相談担当の田端相談員から、産後は、2人の関係や生活状況がさらに変わる可能性があるとアドバイスされたことを踏まえて、A子に対して、B男がA子や子どもに軽くても暴力的態度を示した場合には、緊急事態と認識しなければならないと説明し、そのようなときにはためらうことなく警察でも配偶者暴力相談支援センターでも連絡しなさいと、繰り返し伝えた。秋葉保健師は、相談員の名前、連絡先を記載した相談先のメモを、ここに挟んでおくからねとA子の母子手帳に貼って渡した。

§ 出生後の個別ケース検討会議

●参加者

田端	市の男女共同参画課 DV 担当部署相談員
大塚	子ども家庭課要対協事務局保健師
秋葉	保健センター母子保健担当兼地域担当保健師
永田	自立援助ホーム相談員
五反田	子どもシェルター顧問精神科医
荻窪	子どもシェルター子担当弁護士
神田	生活保護担当部署ケースワーカー

大塚：A子さんが出産しましたので、経過も含めて秋葉保健師からよろしくお願いします。

秋葉：はい。予定日より少しだけ早かったのですが、元気な女の子（Cちゃん）を無事出産しました。神田ケースワーカーの迅速な生活保護受給までの対応と五反田医師が書いてくださった意見書などのご支援で、経済的にも不安なく出産にたどり着けたことは良かったと思います。落ち着いたらA子には、両親への報告について引き続き進めてみたいと思います。B男ですが、実際にどんなふうに考えているのかがよくわかりません。産後はA子とCちゃんのところに顔を出す頻度が増えています。その真意をつかめていません。

　A子にしてみればB男が父親として責任を持ってくれることを期待してしまう状況にあることは確かです。この状況について、田畑さんは、B男の態度は一時的なもので、2人が親として安定した関係を育める可能

性は低いと危惧されています。私も同感ですが、B男に会って確認した
い気もしますが。

田端：秋葉保健師が、丁寧に関わってDV相談も勧めてくださいました。A子が、
なかなか相談に踏み込めない背景には、暴力行為を受けた相手からの仕
返し、追い出されるのではないかとの不安、生活力がないなど経済的な
不安など、いろいろな背景を考えておく必要があります。さらにパート
ナーへ恐怖感を抱く一方で、相手の優しい部分が忘れられないという心
情もあります。

　A子さんも、生活保護受給が決まっても、出産間近だったこともあるで
しょうけれど、速やかに新しいアパートを探すという行動はとりません
でした。生まれた赤ちゃんを見れば、B男も前のように優しくしてくれ
るかもしれないという期待もあったのかもしれません。今は、まさにそ
の期待が高まっているのでしょう。B男がちょっと優しい素振りを見せ
ているので、おそらくA子に何を言っても通じないかもしれません。こ
れまで、何かあれば秋葉保健師なら相談に乗ってもらえるという信頼感
が築かれているようですから。今のところはB男と私たち支援者が会う
という点も含めて見守るとして、いざというときに備えたいです。

　そのときには、B男に付きまとわれることなく安全が保たれる場所を一
緒に考え、単に逃げるだけでなく、これからのCちゃんとの生活を維持
していけるよう支援することができると再度伝えたいと思います。

　秋葉保健師と一緒に行動して、私のほうもいろいろ考えさせてもらいま
した。今までは、相談を受けてから考える立場でしたが、保健師さんや
生活保護ケースワーカーの方々と組むことで、このような待ちの姿勢で
も、つながりを絶やさず、いざというときにすぐに動ける態勢づくりが
できるのだということを体験しています。

神田：秋葉保健師から相談を受けて、A子さんは未成年ですから、親の扶養義
務が優先ですので、そのことをお伝えしました。A子さんのご両親の収
入が一定額以上と確認できたので、まずは、規定どおりと考えました。

　しかし、A子さんが親御さんとの連絡を欲していないことや両親との関
わりによって、不安定になる可能性を五反田先生からうかがい、今回は、
受給決定となりました。

　生活保護というお金が絡むことについて、A子と両親の関係性を配慮す
る必要性を理解したのですが、B男との関係では、A子本人がB男から
離れればいいだけのことなのにと思ったりもしてしまいます。私も学ぶ

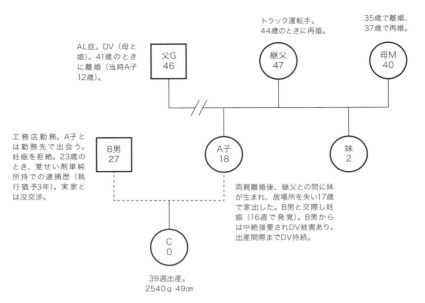

AL症。DV（母と娘）。41歳のときに離婚（当時A子12歳）。

父G
46

トラック運転手。44歳のときに再婚。

継父
47

35歳で離婚、37歳で再婚。

母M
40

工務店勤務。A子とは勤務先で出会う。妊娠を拒絶。23歳のとき、覚せい剤単純所持での逮捕歴（執行猶予3年）。実家とは没交渉。

B男
27

A子
18

両親離婚後、継父との間に妹が生まれ、居場所を失い17歳で家出した。B男と交際し妊娠（16週で発覚）。B男からは中絶強要されDV被害あり。出産間際までDV持続。

妹
2

C
0

39週出産。
2540g 49cm

Cちゃんの出産後、家族構成に変化が生じてからのジェノグラム

つもりで田端相談員や秋葉保健師と連携しながらA子とCちゃんの生活支援をしっかりしていきたいと思います。

大塚：それでは、いままで特定妊婦として受理し、要対協の中で検討をしてきましたが、いかがでしょう。B男とのDVについても、今日の話では、B男のCちゃんをかわいがったりする態度があったとしても、それが本物かもう少し様子を見る必要があるとのことでした。五反田先生の意見書にもありましたように、長く経過を追う必要があると考えると、「要支援家庭」として、今後も検討対象とすることでよろしいですか。

全員：賛成です。

§ A子がCちゃんとの2人の生活を歩み出すまで

　その後もA子の心情は、Cちゃん出産後もB男に翻弄され、相当揺れ動いた。Cちゃん出産後にB男が戻ってきた時期は、「つらいこともあるけれど一緒にいたほうがよい」あるいは「子どもをかわいがってくれているので、このままB男と暮らせるかも」といった気持ちにもなったときもあった。しかし、田端相談員や秋葉保健師らの予想どおり、B男は徐々にA子から遠のいていった。たまに来ると「俺の家から出ていけ」と怒鳴るなど、「このままではだめだ」「いつか殺されるかも。子どもだって虐待されるかも」と恐怖を感じることも

増え、「新しい女性の家に入り浸っているB男から離れなければ」などと冷静に考える日も増えていった。

　秋葉保健師と田端DV相談員は、A子が自身と子どもを守ること、困ったら相談に来るようにとメッセージを送り続け、生活保護ケースワーカーは生活支援の中で、B男が父親／保護者として役割を果たしていないのではないかと事あるごとに伝えるようにした。こうした複数の支援者からのたゆみない働きかけがA子の行動を後押しし、B男と決別して転居することを決心したのは、その8か月後であった。B男が2回目の覚せい剤所持で逮捕されたのがきっかけであった。

　A子は、神田ケースワーカーに相談しながら、隣接する市の市営住宅に転居することを決め、無事新しい生活をスタートさせることができた。

　秋葉保健師は、隣接市の保健師と2人で、引き継ぎを兼ねてA子とCちゃんの新しい生活の場を訪問した。2人の生活の場は、それは質素なものであった。しかし、その中で目を引いたものは、駅などにおいてあるフリーペーパーを適度に切って折った鶴と割りばしやストローで作ったメリーゴーランドであった。「高いから買えないし…。これだと派手な色もあるからCも見てくれるかなと思って…」と冷静にそして素直に語った。また、A子は、こんなことも言った。「ネットカフェで寝泊まりするお金もなくなりそうだったとき、本当にたまたまネットで見つけたんだよ。『帰る場所のない君の居場所』子どもシェルターって。あれが分かれ目だった。ファミレスで待ち合わせしたとき、怪しいかなと思ったけど、どうせこんな自分だし、どうでもいいやという気分だった。でもその弁護士さんは『よく連絡くれたね』と言ってくれたんだよね、そしてそれからは秋葉さんもそうだけど、たくさんの方にお世話になった。頑張ってCを育てなきゃ」と。

　これからのA子とCちゃんの子育ても決して万全ではないだろう。Cちゃんの成長やA子の新たな人間関係によっては、心身が不安定になる可能性もある。

　でも今日、この場で2人の保健師がA子に声をかけるとしたら、「いいママになるよ」だろう。保健師2人は、あらためてこれからのA子に寄り添いながら、後方的に支援を継続していこうと話し合った。

Q2 事例検討会で対象事例の心理的側面をアセスメントする際の留意点について教えてください。

支援者が持つ専門知識や社会資源に関する多くの情報、具体的な生活支

援策は、疾病、障害、生活上の困難さを持つ人々には、なくてはならないものです。しかし、困っているはずの対象者が支援を拒み、内情を打ち明けてくれない場面にしばしば遭遇します。なぜ距離が縮まらないのか1人で考えても打開策は見つかりません。互いの専門性や知恵を集めて新たな光を見出し、支援者が勇気づけられるためにも事例検討はあります。

　対象者の身体の状況は、医学的判断によって、かなりの部分が客観的に評価可能です。身体疾患の診断がつけば治療法や予後も、ある程度は予測され、今後の関わりに活かすことができます。しかし、精神状態の判断はしばしば難しいものです。B男のように覚醒剤使用の可能性もある場合も含めて、統合失調症、双極性障害、アルツハイマー型認知症など脳機能の障害の診断や、発言や行動の異常（症状）が明瞭なケースは例外として、A子のような対象選択（親密になる人物の選び方）が「病的」であるのかどうかを俄かに判断することは困難です。B男とすっぱり別れられない心情について、神田ケースワーカーのように「A子本人が離れようとしないだけのことですか」と決めつけてしまう支援者は今でも少なくはありません。

　対象者の現在の精神面の評価や今後の行動を予測する事例検討会では、その人個人のみならずその人が生きる家族や集団との関係性を含めたアセスメントを試みる必要があります。

1）できるだけ、家族問題に相応の知識経験のある精神科医あるいは心理臨床家に助言者として参加してもらう。それが難しい場合は、事例検討後にでも、そこで提出された疑問点を整理して持ち込み、意見を聞ける精神科医等を日頃から探しておく。
2）人間を総体的に理解するためには、縦軸と横軸双方に関する調査と理解が必要です。横軸とは、個人的資質や特徴と現在その人が置かれている経済的状況や対人関係のありよう（＝家族、職場、学校、友人、愛情関係）などです。縦軸とは、そうした特徴や現状がどのように形成されてきたか、つまり生育歴のことです。
3）横軸としての評価項目は、対象者個人の、①知的水準（得られれば知能検査の得点）、②性格傾向（得られれば心理検査の所見）、③社会性や対人関係の特徴、④その人に影響を与えている人物に関する情報とその相手との関係性、⑤精神科診断などです。虐待やDV加害者としてふるまう親のアセスメントの際には、上記に加え、養育能力の評価以外に、とくに「衝動性」や「不安耐性」、相談する力や受ける力など一定の質的評価が必要です。
4）縦軸の理解とは、支援対象者の半生（どのような親に育てられ、家庭内や学校でどんなことを体験してきたか）を、本人と直接交流できた支援者で集めて、その人となりの現況と由来を推察します。戸籍や住民票、税金納付情報等は守秘義務の課せられた要対協でも慎重に扱われますが、その家族関係の変遷を辿るにはしばしば重要な資料となります。

　精神科受診歴や家族の病歴、親たちがどのような態度でその人を養育したかについては、初回面接のときに、質問票などを活用して、やや事務的にあっさりと聞いてしまうほうがよいことも多いと言えます。そこで気になる点があれば、次の機会を選んで掘り下げて聴取し、さらに集積・共有します。

　さまざまの常識的でない発言や振る舞い方を示す対象者に対し、仮に「うつ病」や「パーソナリティ障害」などの診断がついても、「病気のせい」と安易に医療機関にお任せという方向性を導くのではなく、対象者の共感的理解に努めることが基本です。

■レビュー……………………………………………………………………………………

　本事例に登場したA子の場合、紆余曲折あったが、中絶を迫るDVパートナーの言いなりになることなく、自分の意志で出産にたどり着いた。A子が妊娠葛藤を抱えた孤独から抜け出し、産むと自己決定するに至った経過を振り返ってみた。

　A子は、家を出て、すぐB男と出会い、妊娠した。B男の支配下で密室環境のまま過ごす日々に疑問を持つことなく経過すれば、パートナーの高圧的態度に押されて中絶を選択せざるを得ず、A子の心と身体には癒しがたい傷が残ったかもしれない。

　A子は、実母と継父と妹との暮らしに終止符を打ち、家を出た。異父きょうだいの妹（2歳）を気遣い、罪悪感を抱きながらも自身を大事にした決断であり、A子に備わった健全さとも言える。それは、妊娠が判明し、自らの安全を守るために、自分が身を寄せる場所を求めてシェルターにつながったことでも発揮された力である。

　最初のメッセージを受けとった弁護士との信頼をつかむ面談を経て、シェルターのスタッフやアパートの大家、民生委員、保健師やDV担当の相談員、医師や生活保護ケースワーカー、それらの関係者を結ぶ要対協調整機関など公私にまたがってさまざまな支援者が、役割を異にしながらA子を見守ってきた。

　関係者との支援関係が、A子にとって時に煩わしく、連絡を断つこともあったが、彼女を放っておけない関係者の適度な距離の取り方も奏功したか、A子は、見捨てられることのない関係をこの3年間で体感したのかもしれない。この関わり方が、A子自身の潜在していた健全さをより引き出し、自分の存在意義を取り戻すことにつながっていると推察できる。

　自分にとってよりよい状態とはどのようなものかを熟考し、より快適な他者との相互関係を築いていくために、何をどのように主張し、ふるまえばよいかを判断することは、A子のような家庭に育った人には困難なことが多い。自分の感情をコントロールしながら意見の違う他者ともコミュニケートする力も必要になる。A子やB男（もおそらく）のように、幼少期から思春期にかけて、親からの虐待や面前DVなどのような逆境体験が重なる中では、自他の感情や思考の境界を現実的に認識したうえで自己評価を確立するための体験は得られにくいものである。逆境の中で育つ子どもは、誰に対しても「どうせだめだ」と自暴自棄に陥りやすく、孤独感に苛まれ、「見捨てられる」恐怖から、自己

の自然な感情や行動を抑圧しがちになる。

　では、A子を自立援助ホームにたどり着かせ、妊娠継続・出産を主張させたエネルギーは何だったのであろう。

　誰もが自ら、孤立を望んでいるわけではない。A子にとって、弁護士との出会いや個別的で持続的な専門的サポート、大家や民生委員のような互助による一貫した見守りが、A子の"どうでもいいや"という投げやりな心をほぐし、自分の価値や尊厳につながったのではないかと考えられる。

　この3年間のA子と他者との支援関係そのものは、A子の育ち直し・立ち直り支援、つまり自立支援でもあったのである。

　また、A子との関わりは、援助職である私たちにも対象理解に進化・深化をもたらし、援助姿勢にも成長をもたらした。その1つでもある個別ケース検討会議（事例検討）についても触れておく。

　要対協の個別ケース検討会議を介して、各々の専門家が自律的に機能し始め、徐々にチームアプローチの形が整っていった。これにより、援助者のネットワークは、支援を継続するうえで心強いものになっていったと思う。

　B男と少しでも早く離れたほうがいいと思う保健師の思いはぐっと抑え、これからどうしていけばいいかについて、生活面や経済的な面など具体的に考えるタイミングを逃さずに提案することができたのも、DV担当相談員とともに考えながら支援ができたからである。DV担当相談員も、要対協の個別ケース会議への参加の仕方が変わっていった。DV法に基づき相談を受けているDV担当相談員は、当初は、「相談がなければDV担当がすることはない」という姿勢で個別ケース検討会議に参加していたが、徐々に、DV相談担当の知見を活かした意見を当面関与がない事例（A子）についても、意見や助言を述べる姿勢に変化したことで、他の援助職の適切な支援につながっている。生活保護ケースワーカーも実母と継父の扶養義務優先の原則に忠実に対応しようとしたが、縛られるのではなく、個別性に配慮した対応を要対協メンバーの後押しを受けて実現させたことで、今後の類似の事例での支援の幅にも広がりをもたらした。何より、大家さんと民生委員は身近でA子を気にかけてくれたので、地域の何気ない見守りの役目が、"支援者の思うとおりに対象を動かしがちな援助"にブレーキをかけてくれる存在だと実感することもできた。つまり、A子との双方向的な関わり、援助者間の関わりの中で、A子自身は、自身の生き方（虐待しない暮らし）を模索し続けるきっかけを得、援助者である私たちもまた、自身の成長につながるきっかけを得たのだと考える。

Case 3

重度の医療的ケア児に対する医療－保健－福祉の「手厚い」関与態勢の落とし穴

6歳になる重度の心身障害児Cの処方箋を受け取った薬局から、保護者が薬を取りに来ないとX病院に連絡が入った。Cはいくつかの治療薬と栄養剤が欠かせない状態であった。

概要

小児科医は放置できないと判断し、同僚の小児科看護師の助言をもとに保健センターと連絡を取るとともに、自らの判断で、医療ネグレクト疑いとして児相にも通告した。臨床経験がまだ浅かった小児科医は、はじめのうちはやっかいなことだと感じながらも、院内の子ども安全委員会（CPT）の助言を受けたり、多機関支援者が参加するネットワーク会議（個別ケース検討会議）において市の保健師、福祉施設職員やCPT委員と意見を交わすうちに、医療機関だけでは問題は解決しないことを強く認識し、積極的な連携の重要性を認識した。

関係機関	主な支援者（登場人物）
処方箋薬局	薬剤師
X 病院	四谷（小児科医師）
	宮本（小児科病棟看護師）
	川口（小児科指導医、CPT* 委員）　*CPT：Child Protection Team
	五反田（精神科医師、CPT 委員）
	大崎（助産師、CPT 委員）
	品川（医療相談室ケースワーカー）
保健センター	秋葉（地区担当保健師）
子ども家庭課	大塚（相談員）
児童相談所	恵比寿（担当児童福祉司）
たいよう学園 **	永田（副園長、保育士）　** 児童発達支援事業通所施設

§ 薬局からの連絡と医師の初期対応

薬剤師：そちらの病院からの処方箋を受け付けた薬局の薬剤師です。受け取ってから3日経ちますが、薬を取りに来ないので、連絡させていただきました。

●Ｘ病院小児科 四谷医師宛の電話の内容

　３日前に四谷医師の作成したＣの処方箋を受け付けたが、持参したＣの母Ｍ子は、「ちょっと用事があるので、あとで受け取りに来る」と言って立ち去った。夕刻になっても取りに来ないので電話をしたところ、「お金がないので今日は行けない」と母は答えた。薬剤師は、電話口の母の受け答えに何か不自然なものを感じたが、Ｃが重度の脳性麻痺とてんかんを合併していること、処方されていた経管栄養剤や抗けいれん薬は必須であることを知っていたので、「お金はあとでもいいですから、明日は取りに来てください」と伝えて電話を切った。しかし、翌日夕刻になっても取りに来ず、再度連絡したが電話はつながらなかった。

●四谷医師の対応

　薬剤師から連絡を受けた四谷医師はＣの母に電話をしたが、何度かけてもつながらなかった。四谷医師は薬局に折り返し電話を入れ、処方した薬の郵送を依頼したが、そうした取り扱いはしていないとのことであった。

　病棟で電子カルテを見直したところ、Ｃは、先輩医師から引き継ぐ少し前から受診予約がたびたびキャンセルされて遅延がちになっていたことに四谷医師は気づいた。

四谷：まったく、この親は自分の子どもがどうなってもいいと思っているんだろうか。しかし薬局だって費用はあとでいいって言うんなら郵送くらいしてくれたっていいのにな。

宮本：先生どうしたんですか。何かあったんですか。救急入院じゃないですよね。

四谷：いや、すぐに入院とかいうケースじゃないんだけどね（薬剤師からの連絡について説明）。

宮本：薬が数日でも持つのなら、市の保健センターに連絡したらいかがですか。

四谷：保健センターねえ、何してくれるのかな。

宮本：Ｃちゃんは脳性麻痺のお子さんですね。確か、去年肺炎で入院しています。その親御さん、ネブライザーの使い方とか気道吸引の仕方があまりうまくないようなので、退院後保健師さんに家庭訪問してもらうようにお願いしたと記憶しています。

四谷：僕が受け持つ前の入院ですね。そうか、そういう手があったか。

宮本：脳性麻痺以外のお子さんだって、慢性疾患や手術後の患児の場合は、親に了解を得て保健センターに情報提供することは多いんです。それからうちにはCPT（子どもの安全委員会）もありますから、困ったケースは相談に乗ってくれますよ。

　四谷医師は早速保健センターに連絡し、地区担当の秋葉保健師に事情を伝え、協力を求めた。

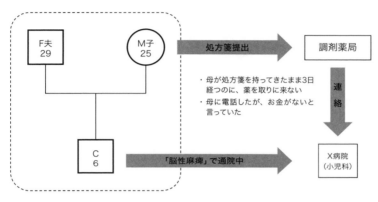

事例発覚時の状況

Q1 臨床医は保健福祉に関する知識経験をどのくらい備えているのですか？

　医学部の卒前教育の中で、公衆衛生学や社会医学は必修科目です。教養科目として、医療倫理学や医療経済学に関する講義が用意されている大学も多くなりました。しかし医学知識や関連情報は増大する一方であり、教育科目の中でそれらに割り当てられているのはわずかな時間です。さらに言えば，保健師や社会福祉士の教育に必須である地域保健やソーシャルワークに関する実習はまったく設定されていません。

　実際、勤務先病院にソーシャルワーカーが適切に配置されていれば、医師自身は狭義の医療行為以外には、家族説明や診断書等の書類作成だけ実施すればよく、地域の支援スタッフと直に接する機会を持たずに診療に専念することができる立場にあります。

　したがって、残念ながら、保健センターと保健所の役割の違いを認識していない医師や、子どもの虐待が疑われた事例について、児童相談所以外にもさまざまの多機関多職種支援者がいることを知らない医師は少なくないのです。医師と情報交換する際には、そのあたりの事情を踏まえて、要保護児童対策地域協議会（以下、要対協）とはどのような仕組みか、社会的支援策にはどのようなものがあるのかなど、基本的説明から始めていく必要があります。それは医師の側にとっても貴重な知識経験として活かされるはずです。

§ 医療機関から保健センターへの連絡と医師の対応

　四谷医師からの連絡に対して、折り返し、市保健センターの秋葉保健師から電話が入った。

●秋葉保健師の電話の内容

　Cの母M子と連絡が取れ、明日必ず薬局に薬を取りに行くというので様子を見たい。Cが通う「たいよう学園（障害児通所支援事業所）」にも連絡したところ、Cが発熱し体調不良であるとの連絡が母からあり、今週は一度も来ていないということだった。

●四谷医師の対応

　電話を置いた後、四谷医師は、Cの「体調不良」の実情に不安を感じた。これまでのCの臨床経過をふまえて、誤嚥性肺炎のリスクが高いことについては診察時に何度も親に説明していた。それにもかかわらず、発熱しているのに受診させなかったことに不審を感じた。四谷医師は、処方薬をきちんと受け取っていないことと併せて、今回の事態は医療ネグレクトに該当すると判断し、保健センターには連絡することなく、児童相談所（以下、児相）に虐待通告した。

　児相の恵比寿児童福祉司から、詳しい事情説明を求められ、四谷医師はカルテを参照しながら、1時間ほどかけて説明した。四谷医師には、これは医者の仕事だろうかという考えが浮かんだ。

Q2 医療ネグレクトとは？　その対応は？

　身体疾患にせよ、精神疾患にせよ、保護者が児童に必要な医療を受けさせないことを医療ネグレクトと総称します。病気の治療ではありませんが、乳幼児に法定の予防接種を受けさせていないことも同種の行為に含まれます。
　厚労省研究班（2009）は、「法的対応も含めた介入を緊急あるいは積極的に行う必要がある状態」として、医療ネグレクトを以下のように定義しています。

　医療ネグレクトとは、以下の①〜⑤の全てを満たす状況で、子どもに対する医療行為（治療に必要な検査も含む）を行うことに対して保護者が同

意しない状態をいう。

①子どもが医療行為を必要とする状態にある。

②その医療行為をしない場合、子どもの生命・身体・精神に重大な被害が生じる可能性が高い（重大な被害とは、死亡、身体的後遺症、自傷、他害を意味する）。

③その医療行為の有効性と成功率の高さがその時点の医療水準で認められている。

④（該当する場合）子どもの状態に対して、保護者が要望する代替的治療方法・対処方法の有効性が保障されていない。

⑤通常であれば理解できる方法と内容で、子どもの状態と医療行為について保護者に説明がなされている。

　こうした定義を事例にあてはめる（診断する）のは医師の役割ですが、とくに②や④の項目などは、医師でもいつも正確に判断できるとは限りません。また、日常遭遇するのはより軽症例ですから、さらに判断は難しいとも言えます。

　よく見られる例をあげれば、ひどいアトピー性皮膚炎でも、親がステロイドホルモン製剤を子どもに使用するのを嫌がり、効能が科学的に保証されていない民間療法を継続する場合などがあります。

　アトピー性皮膚炎はただちに生死に直結する病気とは言えませんが、悪化すると、掻（か）きこわして皮膚感染を起こし命に関わる全身感染症に発展することもあります。なにより子どもは日々痒（かゆ）さや痛みと格闘しなければならず、友達と遊んだり勉強に集中することが難しくなります。

　そうした事例が地域で発覚した際には、医療ネグレクトの概念を念頭に置きつつ、小児科医や皮膚科医に相談してみる手間を惜しまないことです。また、日頃からそのような相談が可能な医療機関を見つけておくことも、支援基盤を整備する一環と言えるでしょう。

　その後1時間ほどして恵比寿児童福祉司から、M子への対応の結果および受診依頼の電話が入った。

●恵比寿児童福祉司からの電話の内容

　M子に電話したところすぐにつながった。速やかな受診と処方薬受領を促したところ、保健師からもM子に連絡があり、薬は明日取りに行くと答えたのに、どうして児童相談所から何か言われなければならないのか、それにもう病院は受付時間を過ぎてしまっていると、憤慨するような口調でM子は反論したという。今からでも受診できるように児童相談所から病院に依頼してみると説得したので、これから受診させてよいだろうか。

　四谷医師は時間外救急窓口に来てもらうよう伝えてほしいと答え、待機した。父F夫の運転でCが病院にたどり着いたときには、すでに19時を回り、当

直帯の時間に入っていた。自ら救急外来で待機していた四谷医師にF夫は、「何でこんなに大騒ぎしなくちゃならないんだ、おれたちのこと勝手にあちこちに言いふらして」などといら立ちと不満を訴えた。

●Cの診察結果

　F夫はCを車椅子から抱き上げてベッドに移乗させた。M子は伏し目がちで押し黙ったままだった。Cの体温は37.5℃、酸素飽和度（SpO₂）96％。鼻汁が出ているが動きは活発で、栄養状態も悪くなかった。血液検査と胸部X線撮影を実施し、結果を待つ間、四谷医師はM子に「予防接種はすべて終了していますか」と尋ねた。「はっきり覚えていない」とM子が答えたので、次回受診時には母子手帳を持参するよう求めた。

　診察および検査結果は急性上気道炎の所見のみであり、諸症状は回復に向かっていると判断されたため、四谷医師は帰宅してよい旨を伝えた。その際、服薬と受診は欠かさないように両親に強調した。

　4日後、両親に連れられてCは四谷医師を再診した。Cの症状はほぼなくなっていた。しかしM子に促して開かせた母子手帳を見ると、予防接種に関する数ページだけが破り取られていた。確認したところ、M子は規定どおり受けさせてきたと思うが、手帳のページは、友人が子ども連れで遊びに来たときに、その子が破いてどこかに捨ててしまったのだと述べた。

▶ポイント
四谷医師がこう感じたのはどうしてでしょう。

　診察後、四谷医師はどうもこの家族は自分だけの手には負えないと感じ［▶ポイント］、院内の子ども安全委員会（CPT）に事例報告した。CPTは合同カンファレンスを開くことを保健センターと子ども家庭課に提案した。本家族については子ども家庭課にも取り扱い経過があったらしく、個別ケース検討会議が病院内で開催されることになった。

Q3 医療機関内の児童虐待予防／対応委員会（CPT、CAPS等）の意義と実情について教えてください。

　小児科や産婦人科等の多診療科を有する地域の中核病院には、児童虐待に対応する院内機関（Child Abuse Protection System; CAPSとか Child Protection Team; CPTなどの名称が多い）がずいぶん設置されるようになりました。医師の卒後臨床研修においても、高齢者や難病患者の在宅療養に関する知識とともに、児童虐待の予防・対応に関する知識経験を充実化させるべく、2020年度からは研修素材として虐待対応プログラム（BEAMS）が推奨[*1]されるようにもなりました。

しかし、医療機関内CPTの活動状況や構成メンバーの知識経験そして熱意は千差万別です。期待したほど地域保健福祉機関の実際に関する知識を持ち合わせていなかったり、多機関連携の経験が乏しかったりすることはめずらしくはありません。そうであっても、少なくとも、地域の保健福祉機関から医療機関への窓口が一本化しやすいことや、主治医との接触のハードルを下げるなどCPTが存在する効用は大きいと言えるでしょう。地域支援者の立場から重要なことは、医療機関内の仕組みだといっても、病院のやり方にすべてお任せという姿勢ではなく、地域の関係機関ぐるみでその病院のCPTを育ててゆこうという意識です。

　事例検討会が病院で行われるならば、地域の保健師やソーシャルワーカーがファシリテーターを買って出たり、事例に合わせて社会資源に関する最新資料を持ち込んで解説することなど、それぞれの支援スタッフが能動的に参与する姿勢が必要です。

　特定妊婦とされた母から生まれた子どもの保護を含み、虐待対応における医療機関の強みは、以下のように列挙されるでしょう。

①親や家族のアセスメントを行い、処遇が決定されるまで、子どもを病院という安全な場に置く（時間を確保する）ハードウェアとしての機能
②とくに身体的虐待に関する医学的評価
③CPTに精神科医や心理臨床家が参加していれば、親の精神医学的評価、家族関係の精神力動的評価

　新たな事例を積み重ねる度にお互いの役割が明確化され、連携の実効性が強化されるためには、保健福祉機関から医療機関へは以下のような働きかけが有用だと思われます。

①児相や自治体から医療機関管理者（病院長等）宛に連携活動を公式に要請し、連携事例があればこまめに関与経過や転帰情報を交換する。たいていの病院のCPT活動は職員のボランティア的活動によって支えられており、「感染対策室」や「医療安全室」のようには公務化されていない。つまりCPTは「影の存在」になっているため、CPT委員のはたらきにインセンティブを与え、CPT活動の恒常化を図るためには、機関の長（管理者）に活動の概要を認識してもらうことが必要である。
②入院を要した事例の退院後の経過や転帰情報のフィードバック
③医療機関が行う研究活動への参加あるいは協力

＊1　BEAMS：厚労省「医師臨床研修指導ガイドライン──2020年度版」19頁

§　個別ケース検討会議
──各機関が持っていた「気になる」情報が統合されていないことが判明

　事例発覚から約2週間後の某日18時からX病院で初回の検討会が行われた。会議の日までに四谷医師は、CのみならずM子の産婦人科カルテをすべて読

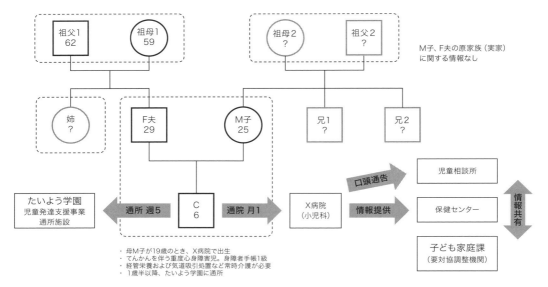

初回個別ケース検討会議までに把握された家族情報と関与

み直していたところ、M子はCの妊娠時には未婚であり、妊娠届も出さず妊婦健診を一度も受けないまま飛び込み出産していたことがわかった。秋葉保健師も、子ども家庭課と共同してこれまでの記録を洗い直して会議に臨んだ。

●参加者

児童相談所	恵比寿（児童福祉司）
保健センター	秋葉（地区担当保健師）
子ども家庭課 *	大塚（相談員）　*要対協調整機関
たいよう学園 **	永田（副園長、保育士）　**児童発達支援事業通所施設
X病院	四谷（小児科担当医）、川口（小児科指導医、CPT委員）、五反田（精神科医、CPT委員）、大崎（助産師、CPT委員）、品川（医療相談室、ワーカー）

●病院からの情報

　妊娠推定38週時に、M子はF夫との口論を契機に陣痛発来し、X病院に搬送され、緊急帝王切開術によりCを出産した。病院到着時破水して60分以上経過しており、羊水は胎便に著しく汚染されており、児は出生時仮死状態であった。蘇生には成功したが、胎便吸引症候群による呼吸障害を呈し、NICUにおける積極治療にもかかわらず、低酸素脳症による脳性麻痺を後遺した。

　Cを出産後M子とF夫は結婚した。Cは生命の危機は脱したものの、身の回りの全面介助を要する重度心身障害を後遺し、8か月を経てようやく退院できた。退院時、呼吸状態は安定していたが、体幹・四肢の痙性麻痺があり、手指の屈曲・伸展、寝返りができない。てんかんを合併し、抗けいれん薬の長期服

用が必要であり、また誤嚥性肺炎が生じやすいので発熱時は速やかに受診するよう担当医は両親に何度も説明していたが、その後4歳までにCは肺炎により3回の入院を要していた。

看護記録を見ると、最初の退院までM子、F夫は週に何度か2人そろって面会に来ていた。しかし退院後の育児支援を引き受けると言っていた祖父母は、NICUから一般病棟に移った後一度しか面会には来ていなかった。小児科看護スタッフは、経管栄養や気道吸引など自宅介護の手技について積極的に覚える姿勢が両親に乏しいことが気になっていたが、帰ったらしっかりやりますというF夫の発言のままに退院予定日が設定された。退院時、小児科主治医は、両親の合意を得てCの病歴について保健センターに情報提供し、退院後の支援を依頼したという経過であった。

●保健センター、子ども相談センターからの情報

病院からの情報提供を受けて、初回退院後1年間ほどは家庭訪問や電話連絡を続けていた。さまざまの育児支援策を説明し、受給可能な補助金等の説明を行った。その結果、1歳のときにCは身体障害者手帳1級と認定され、現在に至るまで生活および診療のための種々の支援や補助金を受けている。2歳になる前には、「産科医療補償制度」*1による給付金（準備一時金600万円；その後は毎年120万円×20回）を受給している。また、特別児童扶養手当や障害児福祉手当が合わせて月額6万6000円支給されている。

M子とF夫の生活史に関する情報はほとんど聴取されていなかったが、2人は結婚と同時にF夫の実家近隣に借家住まいを始めていた。警備員の職に就くF夫の収入が不安定であったため、M子は産後2か月目から部品製造工場のパート勤務を始めた。補償制度が適用された後もM子は勤めを辞めず、F夫が夜勤を務め、昼夜交代でCの介護にあたるという両親の説明に、当時の地区担当保健師はあまり疑問を抱かなかった。

Cが1歳半のときにたいよう学園に通所開始して以来、保健センターの関わりはほとんど途絶えてしまっていた。その後予防接種が終了していないことを保健センターは把握し、何度か連絡していたが、必ず受けるとM子が答えるままに放任していた。Cが3歳のとき、やはり予防接種を促すために家庭訪問

＊1　2009（平成21）年1月創設。分娩関連の重度脳性麻痺の子どもと家族の経済的負担の補償、原因分析を通じた同様の事例の再発防止、紛争防止・早期解決および産科医療の質の向上を図ることを目的としている。本制度は、公益財団法人日本医療機能評価機構が運営している。本制度を適用するためには、該当する子どもの満5歳の誕生日までに申請しなければならない。

したのが最後の記録として残っていた。その記録には、庭に2台の新車が停められており、Cの通所通院のため最近購入したとF夫が説明したこと、Cの療養室にはベッドと同じくらいの大きな水槽が置かれており、めずらしい熱帯魚が泳いでいたこと等が記されていた［▶ポイント］。

▶ポイント
補助金支給額や親の消費行動から推察されることはなんでしょう。

●たいよう学園からの情報

　通所には主にM子が送迎していたが、4歳過ぎから週のうち半分くらいしか来なくなった。Cは身体の方は全面介助が必要なままだが、精神的には少しずつ成長の徴がある。こちらの言葉や態度を理解して笑ったり泣いたり、感情表現も豊かになってきている。ただ、ここ1年くらい背は数センチ伸びているのに体重は横ばいであることが気になったが、病院には月1回定期受診していると聞いていたので、主治医によく相談するように両親に助言していた。

　また、この家はいつもお金に困っているようで、施設費が滞ったり、わずか月100円の父母会費をM子が持ち合わせていないということもあった。それでも両親2人で協力して育てようという気持ちは伝わってきたので、できるかぎりの融通は利かせていた。

●協　議

大塚：子ども家庭課相談員の大塚です。当市の要対協事務局を担当しています。本日の司会を務めさせていただきます。

　　　病院からの通告に基づいて、少なくとも要支援ケースとして要対協に本事例を登録することになりました。本ケースは、医療機関、保健センター、たいよう学園、それぞれが関わっているところですが、情報が分散しております。また、医療機関からは、医療ネグレクトが疑われるとのことでしたので、病院をお借りして個別ケース検討会議を開催することとしました。

　　　各機関・施設から情報をいただきましたので、この家族について理解を深めていきたいと思います。

四谷：小児科主治医の四谷です。診療以外のことはどうもよくわからないので、いろいろご意見をうかがいたいと思っています。

　　　CちゃんとM子さんのカルテを見直しました。最近の身長と体重の伸びをグラフ化したページを確認すると、確かに体重増加が鈍っています［▶ポイント］。

　　　この家庭には、各種の給付がなされていると思っていましたので、あま

▶ポイント
明らかな身体疾患のない乳幼児の体重増加不良の意味することはなんでしょう。

り家計のことには気を留めていませんでした。先ほどお聞きした施設職員の方の観察所見も今後は診療に活かしたいと思います。

永田：心身障害児通所施設のたいよう学園の永田です。よろしくお願いします。私もＣちゃんの治療や栄養管理のことは、てっきり病院から指示や助言をもらって、ちゃんとやっているものと思っていました。

恵比寿：児童相談所の恵比寿です。四谷先生には情報提供と、時間外診療ありがとうございました。本ケースは、医療ネグレクト疑いとお聞きしていますが、各機関の関わりが今後も維持できると思われますので、連絡を密に取りながら、連携して支援することが大切だと考えています。

●アセスメント

議論の結果、次のようにアセスメントされた。

①Ｃの健康保持のためには、適切な栄養管理、薬物療法の継続が必要であり、精神的発達を促進するにはたいよう学園への通所が必要だが、はっきりしない理由で双方とも達成されていない。予防接種も受けさせていないものがある。

②4歳以降の発達曲線を見ると、体重の伸びが鈍化しており、適切に栄養管理がなされていない可能性がある。今回のエピソードでは、両親が自分たちでＣの発熱に対処していたとはいえ、小児科医の指示を守れないことは、肺炎の再発に関する大きなリスク要因である。

③薬の費用が払えない理由は、単なる収入不足以外にＦ夫が独占する家計運営に問題があると思われる。市によると、父の年収は200万円程度と推定されるが、特別児童扶養手当や障害児福祉手当、産科医療保障制度による補助金があるので、月に何千円かの受診費や薬代金が賄えないとは考えにくい。かつて保健師が違和感を持った2台の私有車や場違いの熱帯魚飼育等から推定すると、本来生活費やＣの治療・介護費に充てるべき補助金等をＦ夫が自分の趣味等に流用している可能性がある。

④最近のＭ子には疲労の色が濃くなっている。来春にはたいよう学園を卒園し、特別支援学校に通うことになるが、通学距離はこれまでの倍ほどあり、Ｍ子が対応できるか懸念される。

一通りの議論が終わった後、今後のケースの進行管理について話し合いがなされた。

大塚：すでに、本ケースは要対協ケースとしていますので、市としては、要対協調整機関である子ども家庭課内の子ども家庭支援センターが窓口となります。同センター宛てに連絡をもらえれば、こちらから、保健センターや児相に伝達することができます。今後病院との情報交換は随時必要になりますが、病院の方はどこを窓口にすればいいでしょうか。

五反田：CPTの五反田です。精神科医です。大変忙しいのは知っていますが、やはり小児科の先生にお願いしたいですね。医療上の細部は、複数の人を介すると、とくに専門的な医療情報については、不正確に伝わってしまうということが懸念されます。

川口：そうですね。CPTには専従の連絡要員はいないので、これまでどの診療科でも主治医にお願いしてきたところです。

四谷：確かにそれはそのとおりでしょうが……次にこんな会合が必要だと思ったら、川口先生にお知らせすればいいんでしょうか。でも、日程調整とかいうのはちょっと……

品川：医療相談室の品川です。それは私がお引き受けします。私も電子カルテを閲覧することができる立場です。今回参加していただいた各所の連絡先も一通り控えましたから、詳しい診療情報以外のことでしたら、皆さんの日程調整や病院の窓口は担当できます。

大塚：それをお願いできたら本当に助かります。

Q4 保健福祉スタッフは患者情報について直接医師に問い合わせていいのですか？

　従来から保健と医療のつながりは比較的密接であり、保健師⇔医師の情報交換には双方さほど抵抗がないでしょう。そうは言っても、昨今の個人情報保護法などの厳格運用化等に関連して、あるいは長い時間外勤務がいまだに常態となっていて院内各所を飛び回っている医師に連絡が取りにくいこともないとは言えません。福祉領域となると、家庭内で骨折等のあからさまな外傷が生じたときなどの他は、よほどのことがないかぎり、医療機関に直接情報提供／照会を求めてくる機関や施設は少ないようです。

　地域の保健福祉機関との連絡窓口が病院の医療相談室等に設置され、医師との仲介役を担ってくれる医療機関はずいぶん増えました。それでも一刻を争う問題については、どうしても医師と迅速に連絡を取り合う必要があります。忙しいとはいえ、医師にとって一番大切なのは担当患者さんの生命であり、健康回復です。支援者は、支援チームの一員であるはずの（あるいはチームに参加してほしいと願っているはずの）医師の側の事情を過剰に忖度することなく、積極的に連絡を取ってほしいものです。

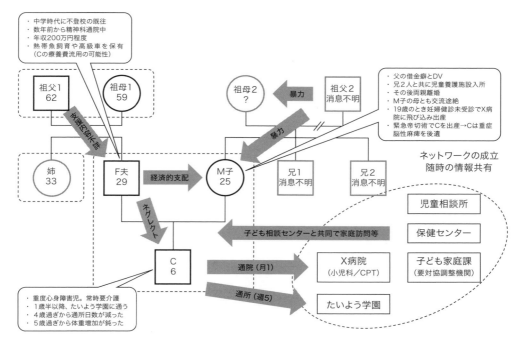

初回ケース検討会議およびその後の関与により明らかとなった家族背景

§ その後の経過

　その後、関係機関は家族との関わりを続け、家族に関する背景情報は徐々に増え、共有されていった。約3か月後、X病院で2回目の個別ケース検討会議が行われた。出席者は同じ機関や部署の支援者である。新たな情報が共有され、今後の課題について以下のような合意が得られた。

①月に1回の小児科受診は励行されている。

②家庭訪問を拒否することはないが、予定の日時の変更を希望することが多く、また家計運営についてはF夫が一切仕切っており、M子は必要分のお金だけその当日にF夫から受け取っているというのが実情と考えられた。F夫は補助金の使途については、誰に対しても明らかにしない。

③一方、秋葉保健師と大塚相談員による数回の家庭訪問によるM子との対話の中で、M子の態度は次第にほぐれていった。M子の父の借金癖と家族への暴力的態度のため、M子とそのきょうだいは一時期施設入所した経験があることや、F夫に精神科受診歴があることがわかった。7年前、Cの妊娠届を出さなかったのは、子を産みながら、F夫と結婚すべきか迷

っているうちに日が過ぎてしまったのだとＭ子は語った。

④たいよう学園では折に触れてＭ子の労苦をねぎらい、いつでも相談に乗ると保証したところ、Ｍ子はＦ夫の支配的態度に嫌気がさしている、経済的にも締め付けられていて苦しいと感じていることなどを打ち明けた。

⑤これらの情報をもとに、今後はＣの健康状態を多方面から密に観察しつつ、Ｍ子への支援を保持し、Ｆ夫にどのように関わりその態度を変えていくことができるかが主要な課題として共有された。

Q5 医療的ケア児に対する家庭介護に関する支援施策について教えてください。

医療的ケア児を支える制度──2021年6月「医療的ケア児支援法」が成立

医療技術の進歩等を背景とし、医療機関を退院した後も、人工呼吸器による呼吸管理や気道分泌物吸引、胃ろうや経管栄養などを要する医療的ケアが日常的に必要な子ども（医療的ケア児）が増加しています。最近の厚生労働省調査（2020）によると、全国の医療的ケア児（在宅）は推計2万155人であり、10年間で約2倍になっています。

医療的ケア児とは、家庭生活が可能だとしても、さまざまの医療的ケアが不可欠な子どもたちのことです。鼻腔カニューラによる酸素吸入や数時間に1回程度の医療的ケアがあれば通常の生活を送ることができる児童から、自らの意思ではまったく身体を動かすことができない重症心身障害児までさまざまです。

従来の障害福祉支援サービスは、医療的ケア児の6〜7割を占める重症心身障害児にのみ適用され、比較的軽症とされる医療的ケア児は対象にはなっていませんでした。しかし従来支援対象とされていなかった「非重症」医療的ケア児を育てる親であっても、ケアの手技に対する不安や負担、成長とともに増大する移動時介助や通学時送迎などの負担、授業中の付き添い、それに伴うきょうだいなどへの配慮などの支援が行き届かず、結局離職を迫られるなど非常に大きな負担がかかっていました。

このような経過を踏まえて、2021年6月、「医療的ケア児及びその家族に対する支援に関する法律」（以下、「医療的ケア児支援法」）が成立しました（同年9月施行）。本法により、医療的ケア児とは、「日常生活及び社会生活を営むために恒常的に医療的ケア（人工呼吸器による呼吸管理、喀痰（かくたん）吸引その他の医療行為）を受けることが不可欠である児童」と定義され、支援対象が拡大されました。さらに、これまでは努力義務だった医療的ケア児への支援が、初めて国や地方自治体の責務となりました。医療的ケア児支援法の目的は、医療的ケア児を子育てする家族の負担を軽減し、医療的ケア児の健やかな成長を図るとともに、その家族の離職を防止することです。

法整備に伴い、各自治体は、医療的ケア児が家族の付き添いなしに保育所や学校へ通うことができるように看護師や保育士などを配置すること、各都道府県に「医療的ケア児支援センター」を設立し、医療的ケア児とその家族の相談にはワンストップで対応することなどの施策が行われることになりました。したがって、医療的ケア児とその家族への支援に際して、

医療機関や保健・福祉・教育等の関係機関間の連携についても、現在以上の緊密化が要請されています。

経済的支援については、障害児福祉手当（1〜3万円）、特別児童扶養手当（重度5万円）、重度障害者（児）給付金（年1回、2万円）、小児慢性特定疾病児童等医療費支給、自立支援医療給付などがあります。

医療的ケア児を見守り続ける家族への支援

医療的ケア児の親の多くは、障害のある子を産んでしまったという罪責感を持ち、抑うつ状態や精神的混乱に陥るリスクが高いと言われています。医療的ケア児を抱える家庭では、親子の高い密着度や家庭の密室性などが生じやすく、これらによる親子双方が体験するストレスの常態化が、ときに虐待やネグレクトのリスクともなります。

オルシャンスキー（1968）は、障害児を抱えた親たちは「慢性的悲哀と回復」を螺旋状に繰り返すのはむしろ正常な反応であるにもかかわらず、一部の専門家は、彼らの悲哀を当然のことと受け止めるのではなく、障害を受容し、乗り越えるよう励ますことによって、親の自然な感情表出を妨げていると指摘しています。医療的ケア児と家族が安心して過ごせる環境を整えるためには、医療・保健・福祉・教育がそれぞれの専門性を発揮するとともに、障害受容を促す支援に固執せず、子ども自身と親、そして支援者が自然な感情を押し殺すことなく共有可能な関係を築くことが大切です。

レビュー ......

新生児医療技術の向上により、わが国では皮肉なことに、生まれる子どもの数は減っているにもかかわらず、医療的ケア児は増え続けているというのが現状です。これまでは多くの医療的ケアを要する子どもは入院あるいは長期入所が余儀なくされてきましたが、最近では本事例における「たいよう学園」のような障害児通所支援事業所やさまざまの訪問保育支援事業なども整備されるようになりました。

医療的ケア児に対する患児・家族支援策として、**Q5**の解説にあるように法改正を含むいくつもの施策が行われています。生命維持のための医療処置が不可欠であり、しばしば介護者が終日付き添わねばならない子どもも少なくないために、かなりの金額の医療費や家庭療養費が補助されています。

身体上の問題に関しては、病院への通院が継続されていれば、保健福祉スタッフは生命危機に関しては病院が責任もって対応しているはずだと考えてもおかしくありません。あるいは多少の身体の異変が認められても、元の病気や障害のせいだと評価しがちでもあります。確かに病院の医師は身体機能や諸症状を評価して、悪化の兆しがあれば入院させて精査したり、治療のやり方を工夫したりします。しかし日々の家庭生活の実態や福祉施設でどのように過ごして

いるか、その実情まで把握していないことは稀ではありません。通院間隔が月の単位であれば、親の発言からだけではその間の実際の家族の動きは闇の中です。

　Cちゃんの両親のように、うまくいっていない関係を支援者に隠蔽したり、何らかの理由でCちゃんのケアを怠ったりしても、各機関各職種者の部分的な観察所見ではその深刻度を見誤ってしまいがちです。さらには、どのような支援を受けていても、親の苦悩や生活負担がなくなるというわけでもありません。一見明るくふるまう親の真情を理解するのはたやすいことではありません。

　本事例では、Cちゃんが最初に退院する頃の親の介護手技に看護師が疑問を持ったとき、予防接種を促すために保健師が家庭訪問したとき、たいよう学園で体重が増えないことや経済的に困っている様子が見えたときなど、「気になる点」が何度も浮上してきています。

　多少の時期のずれはありますが、「産科医療補償制度準備一時金600万円の給付」「100円という小銭も持っていないM子」「新車2台購入や高価な熱帯魚の飼育」などの事実を並べてみれば、何かおかしいと矛盾を感じるのが普通です。事例検討が行われるまで「並べる」ことができなかったのは、医療的ケア児は手厚く保護されているはずだという先入観に各支援者が囚われていたからかもしれません。

　本事例に登場する若い小児科担当医（四谷医師）は、当初はどこまでが医師の職務なのかと自問しつつ、事例検討会では、軽度だったので放置していた体重増加不良という事実の重みを再認識することになりました。一連の関わりや事例検討の中で、診療場面で把握できるのは患児や親の心身の一側面に過ぎないことや、大変なケースを医師1人が抱えていたわけではなく、このような事例ではとくに関係機関との協働関与が欠かせないと思い知らされた貴重な経験となりました。そして保健師や施設職員にとっては、病院や他の支援機関とつながっているというだけで万全と言えるわけではないのだと肝に銘じた事例になりました。

Case 4

虐待であることを自覚できない
ローティーン女子への介入

夏休み明けから不登校が続いていたＡ子（中学2年生）が数か月ぶりに保健室登校した。担任が繰り返し家庭訪問し、「教室に入るのが難しかったら、保健室登校もできるので、気が向いたら学校にいつでもおいで」との働きかけに応えての登校だった。養護の本郷教諭と話をしている中で、Ａ子の妊娠が疑われた。

概要

継父による性的虐待が強く疑われた事例である。不登校が続いている女子中学生Ａ子（14歳）の妊娠を学校が把握し、母の再婚相手（継父）の性虐待が疑われた。教育ネグレクトを含む不適切な子育て状況であることも判明し、この家族に関わるすべての支援者が関わりを持ったが、Ａ子は一貫して子どもの父について堅く口を閉ざし続けた。

関係機関	主な支援者（登場人物）
中学校	本郷（養護教諭）
	渋谷（担任教諭）
	中野（副校長）
市（子ども家庭課）*	大塚（相談員）　*要対協調整機関
市（保健センター）	秋葉（地区担当保健師）
保育所	神保（保育士、所長）
児童相談所	恵比寿（児童福祉司）
Ｐ病院	田端（産科医師）
	大崎（CPT委員、産婦人科助産師）（子どもの虐待予防・対応チーム）
	四谷（小児科医師）
	五反田（CPT委員、精神科医師）
	品川（医療ソーシャルワーカー）

§ 学校でA子の妊娠が発覚し、市の子ども家庭課に電話連絡が入る

●養護教諭から子ども家庭課への連絡

本郷：しばらくぶりに保健室登校したA子の様子がおかしいので、詳しく話を聴くうちに、何か月も生理が止まっていることがわかりました。見た目にも、心なしかおなかが膨らんでいる様子も見られました。妊娠している可能性が高いと思われます。

　　　不安そうな様子に応じる形で、A子に、「赤ちゃんができたかもしれないね」「お父さんは誰かな」と聞いたところ、うつむいてしまったので、「このことはお母さんは知っているのかしら」と聞きましたが、うつむいて黙ったままでした。

　　　「家まで送っていこうか」と聞いたところ、「自分で帰ります」と嫌がったので、今日はこれ以上踏み込めないと考え、来てくれてありがとうと言い、「また連絡するね」と伝えて、家に帰しました。

大塚：わかりました。先生との関係が途絶えないといいのですが、大丈夫でしょうか。

本郷：帰り際に、「今日みたいに、いつ来てもいいんだよ」と言ったところ、うなずいていましたし、今日来たのも、自分から相談したい気持ちもあったんじゃないかなと感じています。妊娠しているかもしれないと思ったとき、こちらが矢継ぎ早に質問してしまったので、殻にこもった感じはありますが、連絡は取れると感じています。こちらから連絡してもいいかなと尋ね、携帯電話の番号を教えてもらうことができました。

大塚：さすがです。こちらとしても、他の部署でも取り扱いがないかを調べてみます。慎重な対応が必要と思われますので、直接お話ししたほうがいいですね。明日、学校にお伺いします。

●学校と子ども家庭課の打ち合わせ
●参加者

大塚	市の子ども家庭支援課－要対協調整機関 相談員
本郷	中学校の養護教諭
渋谷	中学校の A 子の担任教諭

　翌日、大塚相談員は学校に出向いて養護の本郷教諭、担任の渋谷教諭と、A子およびその家庭状況について情報交換した。渋谷教諭は、「家庭連絡カード

によると、家族構成としては、A子の1歳下の妹B子、3歳と1歳の幼児の4人きょうだいと両親の6人家族となっています。中1の妹B子も入学当初より不登校傾向にあるようです」と述べた。

　大塚相談員からは、要保護児童対策地域協議会（以下、要対協）で要支援家庭として取り扱われた時期があること、住民基本台帳と戸籍から、両親は再婚者同士であり、A子とB子は、先夫の子であること、母とA子らの継父の間の2子は、3歳になる男児と1歳の女児だということなどが説明された。

　大塚相談員が保健センターに照会したところ、下の2子は乳児健診や予防接種が滞りがちで、何度か健診の勧奨通知を出していたことがわかった。さらに小学校からの情報として、A子が小学生の頃にも不登校が見られていたことが報告された。

　この席で、大塚相談員は、両親に連絡して、妊娠の可能性を伝えるよう学校に要請した。その際あわせて速やかな産婦人科受診を促し、妊娠が確定すれば胎児の父について打ち明けるようA子に働きかけてみてほしいと両親に伝えることも求めた。

　渋谷教諭は少し躊躇して本郷教諭と目を見合わせた。

渋谷：この父親にはちょっと問題があるんですよね。運動会で転んでB子が膝を擦りむいたことがあったんですが、ちょっとした擦り傷だったので保健室で応急手当てして帰宅させたところ、すぐに学校に乗り込んできて、どうして病院に連れて行かなかったんだとか、運動場の石ころを取り除いていないから怪我したんだとか、言いたい放題でしたから。
　　　学校でA子の妊娠を把握したので、私たちのほうから、少なくとも母親には連絡しないといけないとは思っています。ただ、A子はようやく保健室に来てくれたので、この関係を大事にしたいと思っています。学校とA子との関係が切れてしまわないように、本人の気持ちや意見も聞いて、本人抜きの頭越しの対応はなるべくしたくないと考えています。親に伝えることについて、まずは、A子と話をしたいと思っていますが、いかがでしょうか。
本郷：渋谷先生がおっしゃるようにA子と親御さんが話せるよう調整が必要ですね。それにしても妊娠何週か、妊娠経過に何か問題はないのか気がかりです。なるべく早く受診させたいと思うのですが、本人や家族と話す際に、どこか受診を勧められる産婦人科病院はありますか。
大塚：産婦人科、小児科と精神科が併設されていて、CPT（Child Protection

Team）のあるP病院がいいと思います。本人と親が拒否しなかったら、私か保健センターの保健師も同行したいと思います。

Q1 A子のような未成年の中高生の妊娠を学校が把握した際に、学校および連絡を受けた市の機関はどのような点に留意したらよいですか？

　中学生や高校生が妊娠に気づいたとき、その多くは予期せぬ妊娠であり、本人は「どうしたらいいかわからない」と途方に暮れ、家族や周りの人に相談できないまま、ぎりぎりまで1人で悩んでいることが多いものです。中には、妊娠したと自覚していても、目を背けたまま放置していたり、相手のことをよく知らないまま家を飛び出してパートナーと同棲を始めたり、結婚を急ぐ場合もあります。相手の男性が関係を否認したり、雲隠れしてしまうことも決して稀ではありません。

　揺れ動く本人の気持ちに寄り添いつつ、社会経験の浅い若者が今後の人生に大きな影響を及ぼす決断（出産か中絶か）を迫られている不安、混乱、焦りなどを考慮した丁寧な対応が求められます。未成年である以上、保護者と相談しながら対応するのが原則です。

　まだ打ち明けられていないという場合、保護者への相談を勧めるにしても、本人が打ち明けにくい事情を十分に聴き、それを解消するにはどうしたらよいか共に考え、保護者に話しやすい環境をできるだけ整えることが大切です。それにもかかわらず、どうしても保護者には言いたくないという子どもの側の事情を当面共有せざるを得ない場合もあることを、支援者は理解しておかなければなりません。

　後述するように、決断するまでの時間的制約が厳然することから、どうしても親に相談できないという場合でも、妊娠の事実を確定するために、本人を産婦人科受診につなげることが必要です。市販の検査キットでも妊娠の有無の判定は概ね可能ですが、妊娠何週なのか、何か医学的問題はないかなどについては、受診して診察を受けなければ判別できません。事例が発覚したのが学校であれば、市のこども家庭課や保健センターと連携することが有効です。

　未熟な子どもにとって、妊娠・出産が及ぼす心やからだへの影響は非常に大きく、深刻なダメージをきたすこともあります。妊娠が確定した場合、現在自分の置かれた状況をどのように考え、感じているのか、また実現できるかどうかはともかく、自分ではどうしたいと思っているのか、解決が難しいと感じている問題は何かなどを整理できるように、時間をかけた対話が重要です。

　支援が開始されたら、まず子ども自身が、自分の身体の中で起こっていることを理解できるようにわかりやすく説明し、自ら向き合っていけるよう手助けしなくてはなりません。

　ただし、未成年の女性が正式に結婚していない場合、人工妊娠中絶をする際には、原則として保護者の手術同意が必要になります。普通分娩でも、緊急帝王切開など手術が必要になることがありますから、保護者に事前に説明し、同意を得る必要性を本人に理解してもらう努力が要ります。

　生徒の妊娠の可能性を認知した学校および市の機関は、今後明らかにな

る状況がさまざまな困難を抱えている可能性を想定しておく必要があります。本事例に即していうと、家族関係の複雑さを踏まえれば、すでにこの時点で性的虐待の結果としての妊娠も否定できません。彼氏ができ、適切な避妊法を知らないまま関係を持ってしまったのだろうとか、避妊に失敗して妊娠したのだろうとか、何も調べもせずに推量して、「最近のティーンエイジャーにはよくあること」などと安易に考えず、周辺情報を収集しながら、あらゆる場合を想定した対応が求められます。

Q2 出産を決意した場合と、人工妊娠中絶を選択した場合とで、支援のあり方はどのように異なってくるものでしょうか？

わが国では、母体保護法により妊娠22週を過ぎると原則として中絶することはできません。

22週未満の場合には、予期せず妊娠した女性が、産むか産まないかの自己決定支援のために十分な情報を支援者は提供できることを伝えます。出産を選択した場合は、母児共に安心・安全な出産のための支援体制があることを明確に説明し、入院助産制度*¹などの経済的支援策を提示します。出産一育児開始におよぶ長い道のりを伴走し、それぞれの時期に生じやすい不安や混乱にその都度対処しながら、育児体制の確立につなげてゆく息の長い支援が必要です。

産まないと意思表明する場合には、中絶手術は身体に一定の負担がかかること、費用を要すること、産婦人科のアフターケアも必要なことなど妊娠中絶に関する正しい情報を伝えることが重要です。中絶を決意し実行した女性の多くが抱くことになる罪悪感への配慮も必要です。さらには未婚、未成年の女性ではとくに、今後の予期せぬ妊娠を防げるように、安定したパートナーシップのあり方についてよく話し合い、避妊法に関する啓発が必須となります。

22週を過ぎてから関わり始めたケースでは、出産を迎えるための支援を行うことになりますが、1人では育てられない場合の相談（経済的支援策や養子縁組等）にも応えることが必要です。

妊娠、出産経過を預ける医療機関としては、子どもと親の安全確保のために関連機関との連携や協働態勢を取る仕組み（Child Abuse prevention system：CAPS、Child Protection Team：CPTなどと呼称される）を有するところが望ましいと考えられます。CPTを設置する病院は、産科のみならず、精神科、小児科等の多診療科連携により、それぞれの専門性を統合した関与が1か所で可能であり、保健・福祉機関などとのスムースな院外連携にも有利だからです。

CPTを有する医療機関は市の要対協調整機関などと連携の経験を積んでいる場合が多いことから、学校でこうした事例が発覚したとしても、市の機関を仲介役として医療機関とも連携を組みやすいと言えるでしょう。学校だけで対応しなければならないわけではないのです。

ちなみに、厚労省が定める国民運動計画「健やか親子21（第二次）」に目標値が掲げられている「児童虐待に対応する体制（CPT等）を整えている医療機関」の数は、2016年4月1日時点で1034か所あります。2020年度には二次／三次救急医療機関（2013年現在施設総数は3163）の50%を目指し

ていましたが、目標値には至っていないのが現状です。

＊1　入院助産制度：保健上必要にもかかわらず、経済的に困窮しており、病院等施設に
　　　おける出産費用を負担できない人について、申請があった場合に出産費用を公費負
　　　担する制度（児童福祉法第22条）。対象は、生活保護世帯や住民税非課税世帯など
　　　で、所得税額等に応じた利用者負担がある。詳細は福祉事務所や自治体の子育て支
　　　援を担当する部署などで教えてくれる。

　学校における協議を踏まえ、子ども家庭課は、A子を特定妊婦および要保護
児童と判断し、要対協にケース登録した。そして、A子に直接話すことができ
ているのは病院スタッフであることから、病院で個別ケース検討会議を開催す
ることとした。

●学校から子ども家庭支援課へ家庭訪問の報告
渋谷：A子には、携帯で連絡が取れました。妊娠はA子1人では背負いきれる
　　　ものではないので、両親にもちゃんと話をしようと伝えたところ、黙っ
　　　ていました。でも、私たちが両親に伝えようとしていることは理解した
　　　と思います。電話を切るときに、「本郷先生と家庭訪問をするね」とも
　　　伝えました。
　　　その後、本郷先生と2人で家庭訪問しました。相手が誰かについてA子
　　　さんから聞けてはいませんがと前置きして、妊娠している可能性につい
　　　て両親にお話しました。母はふてくされたような表情で、「やっぱり」
　　　という態度でした。ところが継父のほうは、本当に妊娠していたら中絶
　　　させると言いながら、「相手が誰かなんて、本人が何も言いたくないっ
　　　ていうのなら、中絶すれば関係ないんだから、放っておいてほしい」な
　　　どと発言しました。
　　　妊娠と中絶について、支援を得るために子ども家庭課や保健センターへ
　　　連絡しておきたいともお願いしましたが、最初どうしてそこまでしなけ
　　　ればならないのかと継父は問い返してきました。若年者の妊娠には合併
　　　症も多いので、病院だけでなく退院後の保健師さんの支援も大切だと、
　　　大塚さんから教えてもらったように説明したら、どうにか受け入れてく
　　　れました。

§ 産科受診と2回の個別ケース検討会議

　1週間後、両親と大塚相談員および保健センターの秋葉保健師が同行して、A子はCPTのあるP病院産婦人科を初診した。妊娠週数推定27週、すでに中絶できない状態であったため、出産することとなった。胎児の子宮内発育は良好であるとの診察結果だった。大塚相談員はその日のうちにP病院のCPT窓口を担当する品川医療ソーシャルワーカーに連絡して今後の関わりを要請した。P病院受診後、A子は自宅にひきこもり、担任の渋谷教諭からの携帯電話に応じなくなった。家庭訪問しても、本人が出てくることはなく、数回の家庭訪問に対して、親たちも、インターホン越しに、本人は会いたくないと言っていると門前払いするようになった。保健センターから、秋葉保健師もまた何度か電話したり、アポなし訪問も試みたりして、何とかA子や両親と関係を作ろうとしたが、渋谷教諭同様に、A子にも親たちにも会うことができなかった。

　2か月ほどして、継父から学校に苦情の電話が入った。「あれ以来学校や保健センターから電話が来たり、家に何度も来られたりしてA子は怯えてしまっている。A子やおなかの子が大切だというのならそっとしておくのが一番じゃないのか。何の権利があって他人の家にずかずか入り込もうとするのか」と継父は激しい口調で言った。渋谷教諭は継父の剣幕に気圧されて、とっさに返す言葉が見つからず、「わかりました」と答えるのが精一杯であった。

　こうした状況を踏まえ、学校は、校長、副校長を交えて話し合い、学校ではこれ以上対応できないので、しばらく状況確認は保健センターにお願いしたいということになり、秋葉保健師にその旨が伝えられた。秋葉保健師は、センターも子ども家庭課も同様に関わりが持てない中、関与・介入チームから学校が抜けたいとの表明に戸惑いを感じた [▶ポイント]。

　秋葉保健師は、最近の状況を把握するため、P病院への受診状況を確かめることとした。秋葉保健師が産婦人科担当医の田端医師に照会したところ、幸いなことに、A子は通常より回数を多く設定された妊婦健診には継続受診しており、初診を含めて計4回受診しているとのことだった。田端医師は、「妊娠経過は順調だが、胎児の父親についてA子は沈黙を続け、小児科のカウンセラーとの面接も行ったが同様の結果でした」と述べた。

▶ポイント
支援チーム内に不協和音が生じた場合、どうしたらよいでしょうか。

Q3 児童・生徒の妊娠ケースに対して、子ども家庭課等の要対協調整機関、保健センターは、学校とどのように連携を図ったらよいでしょうか？

　若年妊娠は、予期せぬ妊娠であることが多く、出産直後または乳幼児虐待の重要なリスク要因と考えられています。若年妊娠を要因とする虐待死を防ぐために、その年代の子どもたちと密接な関わりを持つ学校はとても重要な位置にあります。しかし学校の教職員は、ふだんそうした観点から子どもたちを見ていないかもしれません。学校が児童虐待防止のためにどのような役割を果たせるのか、教育現場に浮上する児童虐待の徴候を見落とさないために留意すべきことは何かなどについて、学校は機会あるごとに、子ども家庭課や児相などからさまざまの情報を得ておくことが必要です。

　児童福祉法は、特定妊婦を把握し、児童虐待を早期発見し迅速に対応するために、教員および学校が市町村の調整機関等へ情報提供することを求めています（児童福祉法第二十一条の十の五①）。文科省が2019年5月に発出した「学校・教育委員会等向け虐待対応の手引き」*1 において示したチェックリストにも、虐待のリスク要因として「予期しない妊娠・出産、祝福されない妊娠・出産」「十代の妊娠、親としての心構えが整う前の出産」があげられています。

　さらに、児童相談所（児相）等関係機関への通報／連絡をためらわないために、改めて「確証がなくても通告すること（誤認であったとしても責任は問われない）」、「虐待の有無を判断するのは児童相談所などの専門機関であること」「保護者との関係よりも子どもの安全を優先すること」「通告は守秘義務違反にあたらないこと」という4つのポイントを強調しています。

　こうした制度やシステムの詳細について周知し、理解を深めるため、こども家庭課など市の児童福祉部署や児相は、ふだんから学校と共同で勉強会や意見交換会を開いたり、保健福祉機関は自機関主催の研修会や講演会があれば学校スタッフにも参加を呼びかけるなどの試みが求められます。

*1　学校・教育委員会等向け虐待対応の手引き　文科省，令和2年6月改訂版

Q4 生徒の妊娠への初期対応に際して、学校が留意すべきことは他にもありますか？

　学校はしばしば、学校に通う子どもの妊娠は「いけないこと」と考え、また、他の生徒や保護者たちの目を気にして、当該生徒を学校から遠ざけようとすることがあります。性や妊娠に関わる問題は、子どもだからといって大人が一方的に決めつけてその善悪の判断を下せるような単純な問題ではありません。それは年齢・性別を問わず、1人の人間の体験として個別的に考えてゆくべき大切な問題です。

　こうした事情を踏まえ、生徒の妊娠に関しては、「公立の高等学校における妊娠を理由とした退学等に係る実態把握の結果等を踏まえた妊娠した生徒への対応等について（通知）」が、2018年3月29日付で文科省から各教育

委員会に出されています。

　主な内容は、生徒が妊娠した場合には、関係者間で十分に話し合い、母体保護を最優先としつつ、教育上必要な配慮を行うべきものであること、妊娠した生徒本人に学業継続の意思があれば、安易に退学処分や事実上の退学勧告等の処分を行わないこと、さらに、在籍する学校に通い続けるのが諸般の事情で難しい場合、転校や休学、定時制や通信制への転籍を支援することなどです。

　十代の妊娠については、妊娠継続の決定や出産、そして育児など中期的視点に立った支援、あるいは中絶後の心身のケアの重要性を考慮した支援体制を構築しなければなりません。もちろん、この時期の妊娠というのは異例のことであるし、その後の進路やキャリア形成等、当事者の人生に関わる重大な出来事でもありますから、学校として、冷静で適時適切な介入が求められます。

　前述の通知が出た背景には、休学しても出産後には復学できると適切に説明されているケースがないわけではないものの、多くは、妊娠に至った経緯について反省を促され、さらに、「産む」意思表示をすれば、「一身上の都合による自主退学」に誘導されるなど、女子生徒が妊娠・出産を理由に教育を受ける機会を絶たれるという実態があったためです。あえて言えば、パートナーも未成年である可能性があるにもかかわらず、女子のほうだけが望まない進路変更などを余儀なくされる状況があるとすれば、速やかな改善が必要です。

　繰り返しますが、こうした若年妊娠に対しては、ことの重大さから、ともすると大人だけで話を進めてしまうことになりがちです。しかし大人だけで子どもの最善の利益を図ろうとするのではなく、すべての過程において、可能な限り、子ども本人の参加を得て、本人の意見や考え、思いに十分配慮することもまた、子どもの権利保障の観点から必要です（児童福祉法第二条①）。

　なお、市の機関としても、こうした国からの通知に関する学校の理解を確かめながら、学校に指示的・義務的に関与を求めるのではなく、学校が介入をためらう理由にも耳を傾け、保健福祉支援者が協力を惜しまない姿勢を示すことが、学校がより柔軟に当事者家族に向き合うためには有効だと考えられます。

　また、市の機関は、妊娠・出産と学業を両立させるためには、学校のみならず、病院と連携して安全なお産を目指すことや出産・育児にかかるさまざまな伴走的支援が、妊娠判明時から必要です。

　妊娠・出産に関する支援には、市町村保健師による妊娠期からの訪問事業や相談、出産後の育児支援などがあります。2008年の児童福祉法改正により特定妊婦が要対協の対象となっていますから、十代の妊娠女性については、母子保健分野のみならず児童福祉に関わる諸機関が協働して支える仕組みが整備されています。

個別ケース検討会議①：情報共有と対応方針

●参加者

関係機関	主な支援者（登場人物）
児童相談所	恵比寿（児童福祉司）
中学校	渋谷（担任教諭）、本郷（養護教諭）
	中野（副校長）
保育所	神保（所長）
保健センター	秋葉（地区担当保健師）
子ども家庭課 *	大塚（相談員） *要対協調整機関
P 病院	田端（産婦人科医師）
	大崎（CPT 委員、産婦人科助産師）
	四谷（小児科医師）
	五反田（CPT 委員、精神科医師）
	品川（医療ソーシャルワーカー）

1　各機関からの報告・情報共有

大塚：本ケースは要対協事例として登録しましたので、司会を務めさせていた
　　　だきます。

　　　まず、現在まで把握していることについて報告します。A子家族は4年前、
　　　母M子がA子、B子の継父S夫と再婚すると同時にX市から当市に転入
　　　してきました。M子は再婚後半年でC男を、2年後にD子を出産していま
　　　す。したがってこの家庭の子どもは、A子（14歳）、B子（13歳）、C
　　　男（3歳）、D子（1歳）の4人です。

　　　これまで一家に関して近隣から寄せられた情報はとくにありません。C
　　　男は昨年から保育所に通っています。母親M子は職を持っていませんが、
　　　保育所を利用できたのはM子が精神科通院中であり、うつ病という診
　　　断書が提出されていたからです。

　　　保育所申請用紙には、継父S夫はトラック運転手であると記載されてい
　　　ますが、昨年、一昨年と課税なし世帯でした。つまり一家の年収は低い
　　　と思われ、児童手当を4人分満額受給していますが、生活保護の受給歴
　　　はありません。S夫の実際の就労状況については不明です。

中野：A子、B子の通っていた小学校から特別な申し送り情報はありません。
　　　今回のことで改めて小学校に問い合わせたところ、A子は、学校を休む
　　　日数は少なくなかったものの、不登校と認定されるほど長期的なもので
　　　はなかったとのことでした。欠席理由は、親からの連絡で体調不良とさ
　　　れています。

中学に入って、登校したときのＡ子は、あまり目立たず１人でいること
が多かったようですが、掃除や当番の仕事など、言われたことは生真面
目に行う子だと担任から聞いています。

渋谷：Ａ子は中学１年の頃から欠席が多く、その都度、親から一応の連絡はあ
るもののはっきりした理由とはいえないものでした。登校したときに本
人に休んだ理由を聞くと、母のＭ子の体調が悪く妹や弟の面倒を見て
いたと答えることが多かったように思います。他方で、１年の９月に家
庭訪問した際、欠席の多い理由をＭ子のほうに尋ねると、Ｍ子が学校
に行くように言ってもＡ子が体調が悪くて休みたいというので休ませた
だけだと説明していました。話しぶりや行動面も含めて考えると、知的
水準は決して低いようには思われませんが、授業をあまり受けていない
ので成績は最下位に近い感じです。

A子は２年になってさらに休みの日数が増え、先の夏休み明けからはほ
とんど登校していません。そのつど連絡は入っていますが、欠席の理由
は相変わらず「体調不良」と言ってくるだけです。本人と話せたときに
は、保健室に来て様子を見ることもできると、登校を促してきました。
継父のＳ夫ですが、些細なことで学校に怒鳴り込んでくるクレーマーの
ようなところがあります。今回の妊娠のことで来校した際、学校の男子
生徒か教師が妊娠させたのだろうと激怒すると予想していただけに、Ｓ
夫がＡ子や学校を責めない態度だったのは意外でした。調査を求められ
たら、どんなふうに対応しようか校長、副校長と頭を悩ませていました
が、「本人をそっとしておいてくれ」と述べたので拍子抜けしました。
また、今回のことで気になったのは、午後の早い時間にＳ夫が自宅に滞
在していることが多かったことです。

田端：Ａ子は初診時、妊娠推定27週。本人は生理が止まっていたことは認め
ましたが、セックスの経験はないと言い張り、どうして妊娠したのかわ
からないと繰り返しています［▶ポイント］。診察の結果では、中絶不能時
期ではあります。しかしレイプなどによる妊娠であれば中絶も全く不可
能というわけではなかったのですが、妊娠時期を説明しただけで、Ａ子
も両親も中絶について自ら話題にすることもなく、こちらが細部を説明
しても希望しなかったので出産することとなりました。

今のところ妊娠合併症は認められず、胎児の子宮内発育も順調ですが、
若年初産であるため、38週過ぎの計画誘発分娩を推奨したところ、３人
は抵抗なく説明文書に署名しました。

▶ポイント
Ａ子の沈黙の理由
を考えてみましょ
う。

　　　　3回目の受診時に、小児科の児童カウンセラー（公認心理師）に依頼し、
　　　面接してもらいました。カウンセラーは身辺事情を聴きながら何か気に
　　　かかることはないかと尋ねましたが、何もない、家は楽しい、赤ちゃん
　　　には早く会いたいと思うなどと答えたということです。

神保：C男の保育所通所は2年目になります。主にM子が送迎していますが、
　　　土曜日や休日開所日にはS夫やA子が連れてくることが何度かありまし
　　　た。A子が送ってきたときに、お母さんはどうしたのと聞くと、風邪で
　　　寝込んでいると答えていたのを覚えています。A子はしっかりはしてい
　　　ますが、中学生に2歳、3歳の子を任せるのは危ないとM子に電話で伝
　　　えたところ、それじゃあこれからは（C男を）休ませると答え、実際最
　　　近は週に1、2回の通所に留まっています。

秋葉：C男を出産後に予防接種を規定どおりに受けさせていないということか
　　　ら、地区担当だった私が関わることになりました。家庭訪問したところ、
　　　当時小4のA子が、平日なのに家に居て母の手伝いをしていたことがあ
　　　りました。
　　　学校はどうしたのと訊くと、M子が、この子行きたがらないんですよ
　　　と悪びれもせずに言いました。A子もM子もとくに困ったという様子を
　　　みせなかったのが印象に残っています。翌日小学校に連絡して登校状況
　　　を確認したところ、月のうち1週間程度はM子から体調不良なので休ま
　　　せると電話があり、学校を欠席していたとのことでした。
　　　その後2回ほど訪問しましたが、2回とも、M子はけだるそうにソファ
　　　で寝転んでいて、A子が1歳と2歳の弟妹の世話をしていました。瓶詰
　　　の離乳食を上手に食べさせているので、えらいねA子ちゃん、と言った
　　　ら、大丈夫、もう慣れているからと言ったのを覚えています。

恵比寿：A子およびこの家族についてこれまで当児童相談所（児相）に寄せら
　　　れた情報はありません。しかし相手のわからない16歳未満の女児の妊
　　　娠ということ、特定妊婦、要保護児童ということですので、今後、両親
　　　に対して、児童福祉法に基づく指導を行うことはできるかと思います。

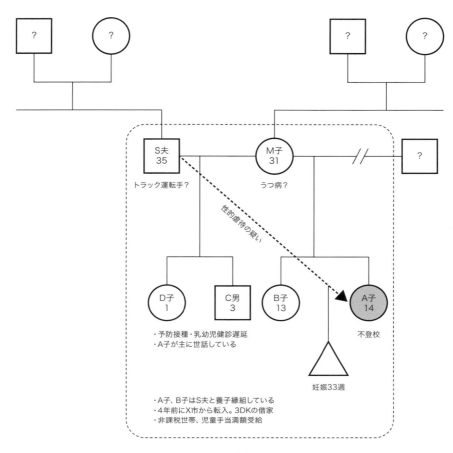

個別ケース会議①時点の家族状況

図中のラベル：
- ?（四角・丸 複数）
- S夫 35　トラック運転手？
- M子 31　うつ病？
- 性的虐待の疑い
- D子 1
- C男 3
- B子 13
- A子 14　不登校
- 妊娠33週
- ・予防接種・乳幼児健診遅延
- ・A子が主に世話している
- ・A子、B子はS夫と養子縁組している
- ・4年前にX市から転入。3DKの借家
- ・非課税世帯、児童手当満額受給

2　協議

大塚：市としては、A子を妊娠させたのは継父ではないかという疑念を持っています。A子自身が相手が誰かを隠したいというのはわからなくもありません。しかしこの親たちが、妊娠させた男について不問に付しているというのは極めて不自然です。

　　　A子が妊娠した頃は専ら自宅ひきこもり状態であり、学校や自宅外で男性と接触した徴候は全く認められません。継父のS夫が性的虐待を行った可能性が濃厚だと思います。けれども、A子が固く口を閉ざしたまま、家庭内では一見平穏に暮らしている現状では、それを証明する手立てはありません。それでもA子を在宅のまま出産させ、子育てを担わせてよいものかどうか。

中野：きょうだいの世話をするためにA子は家に封じられている可能性があり、教育ネグレクト事例として対応することも必要だと考えられませんか。

恵比寿：私もたしかに継父が疑わしいと思います。しかし、A子がここまで沈黙を守り、しかも出産し母親になることを嫌がってもいないとなれば、状況証拠だけで児相が一時保護するというのも難しいです［▶ポイント］。出産までひと月しかないし、今A子に詰問したり、家から離して気持ちを動揺させたりしたら、お産にも影響が出てしまうんじゃないですか。

▶ポイント
一時保護するための要件にはどのようなものがあるでしょうか。

田端：たしかにね。産科医としては、なによりお産を安全に済ませたいです。

大崎：病棟助産師です。お産まであと1か月って言いますけど、出産したらますますこの家庭に、A子さんとその親と生まれた子とに強く関わっていくのは難しいんじゃないですか。お産まで何も言わずに見守って、それがなにか、なし崩しというか、既成事実みたいになって、その後でA子さんに働きかけるのはもっと難しくなるんじゃないですか。妹のB子への虐待も心配です。

それから、通常は妊婦健診日にあわせて、何度か「パパママ教室」などに参加してもらい、育児指導など始めるんですが、A子さんにはどんなふうに指導を始めたらよいのでしょう。授乳や沐浴の仕方はもちろん覚えてもらうようにしますが、「おめでとう、いいお母さんになってね」みたいに無条件に母親役割を押し付けるのはどうしても違和感があります［▶ポイント］。

▶ポイント
支援者の迷いや葛藤をチームはどのように共有し、対処したらよいでしょうか。

恵比寿：何もしないわけではありません。児童福祉司指導は行政措置ですから、きっちりと通所させ、来所しなければ家庭訪問してA子やそのきょうだいの身の安全も確かめていきますから。

　児童福祉司以外の参加者は、A子を一時保護して親の影響を受けない環境を確保してA子の話を再度聴き出し、A子の真意を確かめるべきではないかという意見であった。しかしどのように親に説明し、A子にも納得させて保護できるか、という具体策について会の中では良い案を立てることができず、結局、児童福祉司の意見を受け入れることになった。

　ただし、今後A子家族との接触の中で、事実を明らかにするような新たな発言が聞かれたときには、すみやかに関係機関で共有し、児相は一時保護を考慮するという合意がなされた。

〈個別会議①の要約〉

1　14歳のA子が不登校－自宅ひきこもり状態の中で父親のわからない子を妊娠し、現在36週。2週間後にP病院に入院して誘発分娩の予定となっている。

A子にも胎児にも現在懸念される身体的問題はない。

2　A子は妊娠に至った状況やおなかの子の父親について一切語らない。

3　A子が妊娠した頃は専ら自宅ひきこもり状態であり、学校や自宅外で男性と接触した徴候は全く認められない。継父のS夫が性的虐待を行った可能性が濃厚だが、今のところそれを証明する方法はみつからない。

4　きょうだいの世話をするためにA子は家に封じられている可能性があり、教育ネグレクト事例として対応することも必要と考えられる。

5　妹B子にも何らかの虐待の手が伸びないように各機関支援スタッフは十分に観察する。

6　児童相談所は児童福祉司指導という行政措置によって家族全体を見守ることとし、保健センターは出産後母子保健の枠を最大限に活用して、家族、とくにA子母子とM子に関与する方針とする。

個別ケース検討会議②：各支援者の役割が明確化され、支援ネットワークが機能する

　38週と3日でA子は元気な男児を出産した。新生児黄疸がやや強く、軽度の水腎症の所見があったが、すぐに治療を要するものではなかった。出産3日目に再びカンファレンスが開かれた。

●参加者：先回と同じ

1　追加情報の共有

田端：出産を担当しました。今週日曜に入院し月曜から誘発開始しました。14歳という若年で産道が未成熟であるため、陣痛は発来したものの微弱のまま1日経ってしまいました。それ以上長引かせるのは危険なので、本人と家族の同意を得て帝王切開術を実施しました。新生児は2850グラムの健康な男児です。出産後は母児とも異常なく、児は現在まで哺乳良好です。

　母M子、継父S夫は1日おきくらいに面会に来ていますが、中学2年生で父親もわからない出産だったというのに、M子は自分の友達を連れてきてA子や赤ちゃんと一緒に写真を撮ったりしている様子には違和感を持ちました。すでに本人も家族も来週中の退院を希望しています。

四谷：生まれた児を診察しました。出産直前の超音波検査で腎臓に軽度の所見

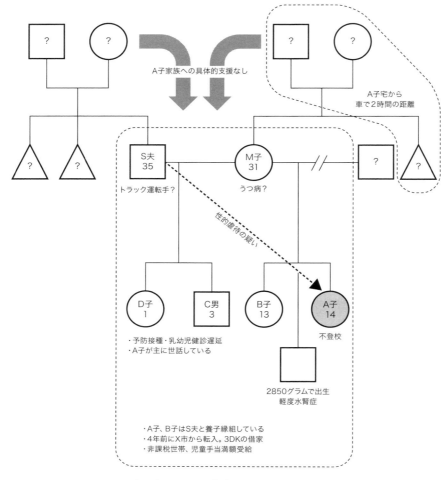

個別ケース会議②時点の家族状況

があったので、出生後再検査したところ、右尿管が拡張しており、水腎症の所見がありました。程度は軽く、排尿障害もみられないので、すぐに治療が必要というわけではありませんが、経過観察は必要だとA子と親たちに説明しました。子どもの入院延長が必要ということであれば、ある程度の日数ならそれを理由にできないこともありません。

秋葉：保健センターから入院前に家へ二度電話しましたが、出ませんでした。A子の小学校当時の担任の先生とお会いして、小学校時代のA子の様子を確認しました。「登校したときには級友と屈託なく話をするし、家の様子を聴くと、きょうだいと遊んであげたり、いろいろお手伝いもしていると嬉しそうに話していた」とのことでした。不登校傾向にあったので、何か困ったことがあったらいつでも相談に来るようにと本人と両親に伝えていたそうです。ただし、それ以上の関わりはなかったとのこと

です。

　保健センターとしては、現在までM子、S夫ときちんと話ができており
ません。C男、D子の妊娠届の際の問診票を見ると、M子の実家は車で
2時間くらいのY市と記載されていますが、2回とも里帰り出産はして
いません。C男は予防接種を規定どおりに受けていません。

　S夫の実家や同胞についてはほとんど情報がなく、M子、S夫がそれぞ
れの実家や同胞とどのような関係性にあり、この家族の支援者になれる
かどうかなどの情報は得られていないというのが現状です。

2　協議

　生まれた子どもの父親は誰なのか、S夫である可能性が高くても、A子やS
夫が認めなければそれ以上踏み込むことはできないのか、そしてA子が口を閉
ざし続けるのはなぜか、等が議論の中心となった。

五反田：入院後精神科から産婦人科病棟に往診（リエゾン関与*¹）して、A子
　　　　の知的水準や心理特性を評価しているところです。心理テストの前後に
　　　　カウンセラーが家族のことを聞いたときも、これまでと同様に家族関係
　　　　について否定的な発言は全くありませんでした。どんな家族でも、親子
　　　　間、きょうだい間で何かしら意見の違いや衝突が生じることのほうがふ
　　　　つうですから、A子の完全な否定の仕方は逆に何かを隠しているように
　　　　も感じられます。

秋葉：ここまでA子が継父をかばうのはどうしてでしょうか。継父はA子には
　　　よほど優しくしているのかしら。

五反田：そう単純な話ではないように思います。例えばアルコール依存症者の
　　　　親が営む家庭で、親子の立場が逆転して子どものほうが親役割を担うこ
　　　　とがありますが、そのような子ども（COA*²）のように、「自分が中心
　　　　となって家族をまとめていかなくては」という思いを、A子もいつの頃
　　　　からか発展させているのかもしれません。

　　　　また、性的虐待があったとしても、加害者が性行為を暴力的に強要する

＊1　精神科が併設されている総合病院等において、身体疾患のために外来受診あるいは入
院した患者に何らかの精神科的問題が認められた場合に、外来であれば他科受診の手続きを
とり、入院であれば院内併診の形で精神科医の診察を受けること。精神科受診を希望しない
患者についても、身体科主治医が精神科医の意見を聞き、精神科診断や対応に関する助言を
得ることができる。

のではなく徐々に浸透的な方法を、あるいはその子だけに何か買い与えるなど報酬効果のある方法を採った場合には、子どもは反発するきっかけを得られないまま性行為が日常的な関係性の中に組み込まれていくこともありえます。

とはいっても、A子に無理に口を割らせるようなやり方は反作用も大きいと予想されます。そういえば、先回の検討会の後に四谷先生がDNA鑑定の話をしていましたが。

四谷：状況証拠でしかないとはいえ、学校にも行かせてもらえずに弟妹の世話をしていたとしたら、やっぱり妊娠させられるのはS夫しかいないと思うんです。

かなり非常識なところが見られる人物ですし。児相か警察からその可能性を突きつけて、違うと主張したら、それでは髪の毛一本差し出して身の潔白を証明しなさい、というふうには持っていけないんでしょうか。

恵比寿：警察は犯罪捜査を根拠として動くところですから、この状況では難しいと思います。少なくともA子の現在の被害意識の有無が重要になってくるかと思います。あとは、知っていればの話ですが、母親からの証言でしょうか。児童相談所としても、法的に親子分離可能な状況なのかどうかが対応の決め手となってきます。

S夫を訴える人が1人もおらず、A子自身それを否定している現況で、S夫に検査を強制する妥当性は見つけられません。それと、仮にそういうやり方でS夫が父だと判明したとして、A子の精神状態は動揺しないでしょうか。

五反田：まったく動揺しないということはないでしょうね。

本郷：A子の母はどんな気持ちなんでしょう。子どもの父についてどんなふうに考えているんでしょう。

五反田：仮にS夫が生まれた子の父親だったとして、それが明らかになったら家族は壊れてしまうかもしれない。そのとき母がA子の支え手としてふるまえるか否か評価しておくことは必要だと思います。

恵比寿：性的虐待の被害者と考えられる子どもに対しては、訓練を受けた心理

＊2　Children of Alcoholicsの略。アルコール依存症者の営む家庭に育つ子ども。アルコール問題家庭は、貧困、DV、児童虐待、コミュニケーション障害、親子役割の逆転等が横行する不適切な養育環境となっていることが多く、そこで生育した子どもたちが長じてさまざまの精神科病態（うつ病、神経症、嗜癖、パーソナリティ障害等）を高率に現わすことが知られており、それらは心的外傷性障害（複雑性PTSD：ICD-11）として理解することもできる。

士やソーシャルワーカーが慎重に話を聴いていく方法*3があります。子どもたち全体について、身体状況や登校状況を定期的に観察して適切なタイミングで介入するために、先回お話ししたように、「児童福祉司指導」*4を開始しています。

秋葉：何とかしてA子の母の本音が聞けるようにしたいと思います。M子はうつ病と診断されているようですが、今後の状況次第ではM子をP病院の精神科に誘導してもよろしいですか。

五反田：もちろんです。できれば、今かかっている病院から紹介してもらうというやり方がいいんですが、紹介状なしでも受診は可能です。M子が警戒的にならないためには、生まれた子の世話もしなければならない祖母として、まずは苦労話を聴いていければと思います。

渋谷：児童福祉司指導って言いますけど、この両親、じきに来なくなってしまうのではないですか。

恵比寿：これは行政措置ですから、原則として親が拒否することはできません*5。拒否は、場合によっては一時保護の根拠ともなります。未成年者の父親不明の妊娠ということで、定期的に通所させて、子ども4人の心身の状態をチェックし、親（M子、S夫）がきちんと世話しているかを評価して指導するという方法です。14歳のA子が産んだ子どもは、祖父母（M子、S夫）の籍に入り、A子が成年に達するまで親権は祖父母が代行することになります。

本郷：A子の登校についてはいつごろから促したらよいのでしょう。母乳をあげたいと言ったら、学校はどのように対応したらよいのでしょう。

---

*3　被害事実確認面接：性的虐待のみならず種々の児童虐待、DVや犯罪の目撃といった子どもが体験した事実を聴き取る面接手法。虐待、とくに性的虐待を受けた子どもは、児童福祉司、警察官、検察官、裁判所調査官など多くの職種の大人たちに対して、何度もつらい体験を話さなければならず、その度に外傷体験を再体験する可能性がある。このような子どもの苦痛や二次的ストレスを予防し、児相の調査、警察の捜査、検察の事情聴取等を同時に達成する目的で行われるものが被害事実確認面接である。ただし、司法面接は心理療法の技法ではなく、治療は経験のある児童精神科医等により実施される。

*4　「児童相談所運営指針（厚労省）」によると、児童福祉司指導とは、複雑困難な家庭環境に起因する問題を有する子ども等、援助に専門的な知識、技術を要する事例に対して、子どもや保護者等の家庭を訪問し、あるいは通所させる等の方法により、継続的に行われるものである。

*5　「児童虐待を行った保護者に対する援助ガイドライン（厚労省）」によると、児童福祉司指導に保護者が応じない場合には、児童虐待防止法第11条第3項に基づき、都道府県知事による指導を受けるよう勧告することができる。さらにこの勧告にも従わない場合は、同条第4項に基づき、必要があると認められる場合には、一時保護を行い児童福祉法第28条による家庭裁判所への審判申し立て等の必要な措置を講ずるとされている。

田端：栄養学的には母乳に固執する必要はありませんが、どうしてもというなら、家で搾乳して冷凍したものを持参させ、保健室の冷蔵庫に置いておくという手もあります。

ところで退院の時期ですが、いつごろになったら退院させてもよいでしょうか。今行っている説明では、あまり延ばすこともできないんですが［▶ポイント］。

▶ポイント
こうした事例（生まれた子ども）の入院期間は、子ども保護の支援チームの要請によって、どの程度調整可能でしょうか。

五反田：A子の親たちの意識や家族構造がそう簡単に変化するとは思えません。児相と保健センターの継続関与を親たちにしっかりと説明して了解させることができれば、あまり日延べせずに退院させるのはやむを得ないように思います。

しかし今後暴力など目に見える新たな虐待問題などが生じないと、先回のカンファレンスで大崎助産師が触れたように、A子は集団体験や学習の機会が与えられないままに、だんだんとふつうの母親役割をこなせればいいじゃないかと我々も期待したり評価してしまったりする危険性が大きいと思います。

この家族で起こっていることをいつ直面化できるかはともかく、隠微な虐待環境が続いていることは忘れないで関与する必要があります。

四谷：小児科のほうからは乳児健診、水腎症の経過観察を名目として、引き続き通院していただくよう働きかけますが、A子に何らかの精神的問題が生じれば速やかに併診できるよう精神科にもスタンバイしていてもらえると助かります。

大塚：今後の課題と各機関の担当事項をまとめておきたいと思います。

①A子と他の3子すべての心身の状態を継続的に観察・評価する。A子の精神状態の動揺を推し量りつつ、子どもの父親が誰であるか打ち明けやすい関係をつくる（児相、子ども家庭課を中心として全機関）。

②A子を教育ネグレクト状態にあるものと捉え、A子が図らずも担っている主婦、母親的役割を軽減し、登校再開できるようにA子およびM子、S夫に働きかける（児相）。学校は登校しやすい環境を提供する。

③A子とその子どもに対する母子保健的関与の中で、M子の考えや感情を理解し、支援関係を構築する（保健センター）。状況によりP病院精神科はM子またはA子の診療を担当する。

④A子の子どもに対する乳児健診、水腎症の経過観察を通じてその発育・発達経過をチェックし、併せてA子の心身の状態を評価する（P病院小児科）。

§ その後の経過

　以上の方針と役割分担のもと、大崎助産師の調整により、A子の入院中に恵比寿児童福祉司と秋葉保健師と大塚相談員が日をずらして病院を訪問し、A子およびその両親（M子、S夫）と面接した。

　恵比寿児童福祉司が退院後もA子と両親が定期的に児相に来所して面接を受けるよう説明したところ、S夫は当初反発する態度を示したが、児童福祉法を説明しながら、父親不明の未成年女子の妊娠は事件として取り上げることも可能だと強く説得すると、S夫は不承不承これに応じた。

　別の日に面接した秋葉保健師は父親問題には触れず、まずM子、S夫に親としての心労はないか丁寧に尋ねた。その後乳幼児医療扶助制度について説明し、育児上何か困ったことや悩みが生じた際にはすぐに相談にのる態勢があることを伝えた。また、A子が登校しやすい環境を整えるために、学校とのつなぎ役を担うこともできると伝えた。

　A子は両親のほうをちらちら見ながら、説明にはただうなずくだけだった。面接が終わり、S夫が先に立って部屋を出る間際にM子は振り返り、もしかしたら近いうちに相談に行くかも、とつぶやくような声で秋葉保健師に耳打ちした。

■レビュー■ ....

　本事例は、この時点では確定されていないものの、継父によるA子への性的虐待が強く疑われるのみならず、教育ネグレクトも生じています。また、A子以外の子どもたちに新たな被害が及ぶ可能性についても考慮しておく必要がある家族と言えるでしょう。

　第1回の個別ケース検討会議でA子を一時保護すべきか否かの討論がなされていますが、児童福祉司の意見に流されて、A子を保護できないまま出産からその後の養育支援へと話が展開していきました。しかし、ほんとうにA子を一時保護することは不可能だったのでしょうか。A子のおなかの子の父親が確定できず自ら現れもしないのだとしたら、どんなに緩く考えても、その人物からA子が性的被害を受けたことは明白であり、そのような状況を黙認する母や継父の下に置いたままにしてよいはずがありません。保健師や病院スタッフはもう少し食い下がって、何とかして一時保護できるように、児童福祉司との議論を諦めるべきではなかったように考えられます。

A子はどうして沈黙を守り切ったのでしょうか。

この問いに唯一の正解があるわけではなさそうですが、いくつか知られている現象があります。その1つが「外傷性結合」という、被害者が加害者に同一化する心性です。

外傷性結合とは、一般にはまだなじみの薄い概念かもしれません。これは、暴力や虐待の被害者が加害者に対して抱くことがある逆説的な愛着関係のことであり、バタード・ウーマンなどにも見られます。一般的に、性的虐待の加害者は、さまざまの仕方で秘密を守ることを子どもに強い、それが守られないと家族が崩壊するとか、とんでもないことが起こるとか言い含め、子どもの心を縛ります。同時に秘密を守りさえすれば、他のきょうだいには与えられないご褒美や特権（物品を買い与える、行きたいところに1人だけ連れて行ってもらえる等）を与えるという手管を弄することもあります。こうした事情で、性被害が暴力的に行われるのではないほど、社会経験の乏しい幼い子どもほど、加害親の言いなりにならざるをえず、加害者とのカプセルの中にこもるようになります。たとえ事態が明らかになったとしても、加害者を擁護するような発言や態度を示すことさえあるのです。

支援者は、A子が堅く口を閉ざし続ける背景にこのような心理的メカニズムが存する可能性を念頭に置き、すぐに介入できないことにもどかしく感じながらもそれに耐えて関与を継続しなければなりません。もちろん、ケース会議でも議論されたように、「事実」が明らかにされることがA子やきょうだいたちに与えるネガティブな影響についても考慮し、一定の対策を用意しておく必要があるでしょう。

本事例では、A子本人のみならず、A子の母Mや妹B子との関係構築が当面最優先される糸口となりますが、その時々で直接家族に接する支援スタッフをネットワーク全体で強力に支援しなければなりません。

本事例では親子分離を導入できませんでした。仮に保護が可能であったとしたら、A子を施設保護するという選択肢のみならず、出産後もA子と新生児が子育て早期の重要な期間を安全に過ごすために里親を探すことも考慮すべき選択肢になったかもしれません。

性的虐待や心理的ネグレクトは、身体的外傷のようには可視的痕跡を見せないまま、当事者以外には見えないところで進行し、被害児に長期慢性的な影響を遺しうるものです。今すぐに介入する方法が見つからなくても、情報共有と事例検討を絶やさず、長期的に見守り、介入のチャンスを見逃さない粘り強さが何より重要です。

Case 5
....
2歳の女児が乳児院から家庭引き取りとなり在宅支援を行ったが、連携した支援に困難をきたした事例

A子の母親は18歳のときに妊娠して結婚し、妊娠中に離婚した。母親が19歳のときにA子は生まれたが、母親の実家とは疎遠で、生活保護を受けながら母子で生活を始めた。その後、母親が精神的に不安定になったため乳児院に入所することとなった。

概要

乳児院に入所していたA子（2歳児）が母親のもとに家庭復帰することとなった。母親の精神的不安定を原因とした養育困難が理由の入所であった。母親が再婚したのちに入所措置が解除されることとなったが、夫婦間の不和や夫がA子の実父でないこと等のため養育状況が心配され、地域の関係機関が協働して支援する体制を構築しようとした。

関係機関	主な支援者（登場人物）
市子ども家庭課	大塚（相談員）
児童相談所	恵比寿（児童福祉司）
精神科医療機関	五反田（医療ソーシャルワーカー）
乳児院	目黒（ファミリーソーシャルワーカー）
保育所	神保（園長）
福祉事務所	馬場（生活保護ケースワーカー）
保健センター	秋葉（保健師）

§ 乳児院措置解除前の個別ケース検討会議

大塚：それでは、A子ちゃんのケースについて個別ケース検討会議を始めます。

恵比寿：乳児院に入所しているA子ちゃんの件ですが、今回、家庭に戻すこととなりました。当面は、在宅支援となるため、関係機関にお集まりいただき、支援のあり方について話し合いたいと思います。以前、要保護児童対策地域協議会（以下、要対協）でご検討いただいたケースで、少し時間も経ちましたので、入所までの経緯について確認しておきたいと思います。大塚さん、お願いしていいですか。

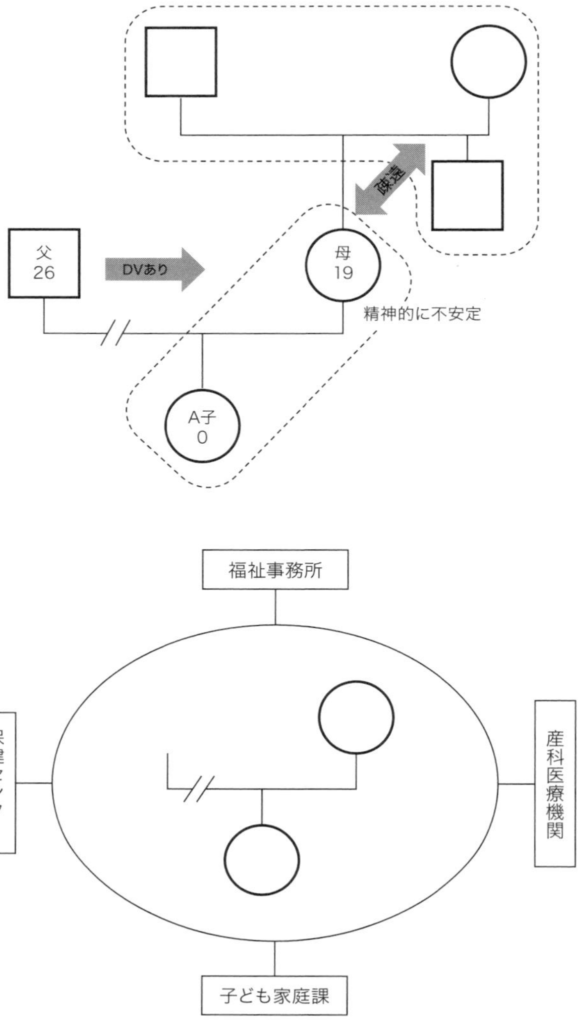
疎遠
父
26
DVあり
母
19
精神的に不安定
A子
0
福祉事務所
保健センター
産科医療機関
子ども家庭課

乳児院入所前のジェノグラムとエコマップ

大塚：わかりました。資料をご覧ください。母親は3年前の18歳のとき、7つ年上の男性との間で妊娠をし、これをきっかけに2人は結婚します。妊娠中のことになりますが、夫は母親に暴力を振るうようになり、2人はすぐ離婚しました。母親は19歳のときA子を出産しますが、実家とも疎遠で援助を受けることがなく母子での生活を送ります。

離婚後は生活保護を受給しましたが、生活援護課のケースワーカーから連絡があり、保健センターが特定妊婦として関与し、子ども家庭課が出産後の養育について相談を開始しました。この時点で、要対協のケースとしました。

母親については、出産のために入院した産婦人科医療機関から、母親に精神的な不安定さが見られ、退院後の養育が心配であるとして、保健セ

ンターにフォロー依頼がありました。保健センターは市の子ども家庭課と協議し、養育支援訪問事業を導入しながら在宅での養育を支援することとしました。しかし出産3か月後に母親の精神的不安定さが増大し、養育状況が心配でしたので、市の子ども家庭課はA子のショートステイ利用につなげています。それでも母親の状態が落ち着かなかったために、2年前児童相談所に送致し、ショートステイから乳児院への一時保護委託に切り替えられ、その後に母親の同意を得て施設入所措置となりました。

ざっと、そうしたケースであったかと思いますが、現在の状況については、児童相談所の方からもう少し詳しくお話しいただけますか。

恵比寿：わかりました。母親は、通院服薬を継続しており、入所前に比べて精神的な安定がみられます。乳児院では定期的に面会を継続し、親子での外出から自宅への帰宅外泊と順調に交流が進みました。母親はA子を引き取りたいとの意向を示しています。外泊後のA子ちゃんの様子には特に不安定になるなどの心配な様子はないと乳児院から聞いています。また、お母さんは児童相談所が提供している保護者支援プログラムを受講して、無事終了されました。家庭引き取り後は保育所への通園による支援を受けることの必要性を伝え、母親は入所申請をして保育所を確保しました。

1つこれまでとは違った環境変化があります。離婚をしていた母親ですが、A子の乳児院入所後30代の男性と再婚し、妹を出産しています。妹については、養育状況に特に問題は見られません。再婚後には夫婦でA子と面会交流をしてもらっています［▶ポイント］。

ただ、実際にA子を戻したときにどのようになるかは見守っていく必要はあります。また、母、養父ともに親族と疎遠なため地域での継続した支援が必要です。児童相談所は児童福祉司指導として在宅での支援を継続する予定です。保育所での見守りを中心としながら、精神科主治医や福祉事務所の生活保護ケースワーカーと情報を交換し、養育状況を把握していきたいと考えています。必要に応じてヘルパーの導入も検討していただければと考えています。

五反田：お母さんの精神科における病状について補足しておきます。お母さんはきちんと通院を継続しておられます。妹さんの養育についても特に心配な様子は見られません。A子さんを引き取った後の養育は十分に行えると思われます。

▶ポイント
再婚した保護者のもとに家庭復帰する際の留意すべき点はどのようなことでしょうか。

　　　　なお、養父も当院の患者で、お母さんとは患者同士の交際から同居を始
　　　　められました。養父の通院服薬も継続されています。気になる点が1つ
　　　　あります。お母さんから「夫が切れると怖い」という発言が聞かれたこ
　　　　とです。その点では養父の受診の際に気をつけてみたいと思います。

目黒：A子ちゃんの状況についてお話をしておきます。A子ちゃんは健康状態
　　　に問題はなく、性格的にはおとなしいお子さんです。発育状況にも特に
　　　問題はありません。お母さんは、面会交流の約束をちゃんと守ってこら
　　　れました。そうした中で、自分で育てたいという気持ちが強くなってき
　　　たようです。初めのころは、お子さんを抱いたりする場面が少なかった
　　　のですが、最近はA子さんとの関係も良好に築かれてきていると思いま
　　　す。お母さんはお子さんのことで困ったことがあれば話してくれるので、
　　　1人で抱え込んでしまうことはないのではないかと思っています。

大塚：乳児院に入所して約2年、A子ちゃんは順調に成長されていて、お母さ
　　　んとの面会交流を通じて親子関係も形成されてきていると考えられます
　　　ね。
　　　　課題としては、お母さんが再び精神的に不安定になることがないかどう
　　　か、特に、お母さんと養父との関係が安定しているのかどうか不安が残
　　　ります。妹さんを含めた2人の養育となるため、お母さんに負担がかから
　　　ないかどうかも注視する必要があると思います。A子ちゃんとしては、
　　　妹が急にできることにもなるので、姉妹関係、その関係での親子関係も
　　　気にしておく必要があるかもしれません。また、親族関係の支援者がお
　　　られないご家庭なので、地域のネットワークでの支援関係を丁寧に作る
　　　ことが必要なのかなと思います。
　　　　経済的には生活保護受給で一定の安定が図られており、保育所入所がで
　　　きることでA子ちゃんの養育状況を見守ることが可能です。精神科に受
　　　診が継続されることで、お母さんの精神状態も把握することが可能です
　　　ね。妹さんの養育では保健センターの保健師さんにも関わっていただけ
　　　ますね。

神保：お母さんの支援の受け入れ状況はどうでしょうか。支援に拒否的という
　　　ことはないのですか。お母さんへの対応で、保育所として注意していな
　　　ければならないことはありますか。

目黒：お母さんの面会交流の際は、お母さんの足が遠のかないように、お母さ
　　　んが頑張っていることを認めたり、お子さんが待っていることを伝えた
　　　りして、お母さんを励ますようにしてきました。外泊後に記録用紙を忘

れてこられたことがありましたが、丁寧にお願いすると次のときに持参してくれましたよ。ときどき電話に出られないことがありましたが、あとで折り返し電話がかかってきたので連絡が取れなくなる心配はないと思っています。支援に対しては拒否的になられることはないと思っています。

恵比寿：保育所が日常的に関わりを持つ機関になりますので、保育所にお願いしたいことは、連絡なくお休みするということがあれば、目が届かなくなることにもなりますので、注意していただければと思います。そういうことがあれば児童相談所にご連絡をいただきたいと思います。

また、この間のお母さんの状態から判断すると大丈夫だとは思いますが、実際の生活に入るといろいろとありますので、体の清潔状態やおなかをすかせていないかどうかなど、ご家庭でネグレクトと思われる状態が見られないかどうかに注意していただきたいと思います。また、あざや傷の有無、お迎えのときに不安な様子を見せないかなどという点も注意しておいていただきたいと思います。それと、なによりも、お母さんに寄り添って相談相手になっていただければありがたいです。

馬場：養父との関係については、私の方でも家庭訪問の際などに注意して見てみたいと思います。

恵比寿：精神科医療機関とは今後も連絡を取らせていただき、母親と養父の精神的な状態について情報を共有させていただきたいと思います。

　個別ケース検討会議では、保育園でのモニタリング（見守り）を中心にしながら、今後も関係機関が情報を共有して支援を継続することが確認された。

Q1 施設入所措置解除前の個別ケース検討会議には、どのような意義がありますか？

　厚生労働省が発出している通知「子ども虐待対応の手引き」（平成25 (2013) 年8月改正版）では、「家庭復帰の方向が決まった場合、まずは要保護児童対策地域協議会を活用して、関係機関協働の個別ケース検討会議を開催し、関係する諸機関に事例内容を周知して、家庭復帰後の支援のあり方を検討しておくことが必須である」とされています。

　措置解除にあたって、子どもと家庭の状況はどのように改善したのか、そして家庭復帰後に地域の関係機関がどのような支援をすればよいのか、関係機関が顔を合わせて情報共有し、支援方針を確認し合うことが極めて大切です。家庭復帰にあたっては、「家庭復帰の適否を判断するためのチェ

ックリスト」（「児童虐待を行った保護者に対する指導・支援の充実について」平成20（2008）年3月14日厚生労働省雇用均等・児童家庭局総務課長通知）を、多機関共通のアセスメントツールとして活用し、共通の目安をもってアセスメントすることも不可欠です。

　また、この会議に、子どもが入所している施設の職員が出席することを積極的に考える必要があります。子どもと家族を直接受け止めることになる保育所や学校は、どのように対応していけばよいのか不安を抱えています。施設職員は子どもと家族と直接接してきており、それまでの状況をよく把握しています。その施設職員から子どもと家族に関する情報を伝えることは、地域の関係機関に有益な情報をもたらすことになります。

　なお、この個別ケース検討会議は、児童相談所が解除方針を決定した後、家庭復帰直前に開催されることが多いように思います。しかし、児童相談所が方針を決定する前の段階から地域の関係機関と徐々に情報を共有して、今後の方針を検討することも重要です。特に、措置以前に地域の関係機関が関わっているケースでは、関係機関の関心も高く、適時に情報共有することは連携の観点からも大切なことです。児童相談所はその点を認識して、地域の関係機関に事前に情報を提供していくことが求められます。

Q2 児童福祉司の発言にあった「保護者支援プログラム」とは何ですか？

　家庭復帰をするかしないかにかかわらず、子どもと保護者との関係を改善し、「子どもと親がその相互の肯定的なつながりを主体的に回復すること」（「社会的養護関係施設における親子関係再構築支援ガイドライン」厚生労働省平成26（2014）年3月）が必要です。こうした認識から、保護者に対して親子関係を改善するための各種プログラムが実施されるようになってきています。取り組みは児童相談所の場で実施するだけではなく、民間団体に委託したり、民間団体と児童相談所とで協働して実施する場合もあります。現在各地で、精研式ペアレントトレーニング、トリプルP、PCIT、CARE、MY TREE等のさまざまなプログラムが導入され実施され始めています。これらのプログラムの受講により、保護者が子どもとの向き合い方を改善できるきっかけとなることが期待されます。

　一方で、施設入所後の面会交流に際して、プログラム受講を条件とすることがあり、保護者はプログラム受講を、児童相談所の指導に従うことを示すためのものとして認識しているような事例が見られます。児童相談所としても、プログラム受講だけをもって家庭復帰を判断すると、親子関係の改善状況を十分にアセスメントした判断となっていない可能性があることは十分認識すべきです。

　保護者支援プログラムは、子どもの引き取りの条件を整える手段であり、受講自体が目的となるものではありません。そのプログラムを受けたことで、養育姿勢がどのように改善したかを判断し、その後の方針を検討することが肝要です。プログラムを終了したからといってただちに引き取りが可能となるわけではないとの認識を、保護者と共有することが必要です。

Q3 「見守り」とは何をすることなのでしょうか？

　児童相談所や市区町村の子ども家庭相談部門から、地域の関係機関に「見守り」を依頼する事例が多く見られます。「見守り」は「モニタリング」ともいわれています。「見守り」は、その意味で、日常を観察し、評価することを伴います。これが適切に行われなければ、リスクが見過ごされまたは見落とされたり、支援が必要な場面なのに支援につながらないということも起こり得ます。

　こうしたことを踏まえ、「見守り」または「モニタリング」のポイントは何なのか、どのようなリスクがあるためにどの点を観察するべきなのか、観察していた状況がどのように変化した場合にリスクが高まったといえるのか、そしてその場合はどこに連絡をすればよいのか、どう対応すればよいのか等について確認しておくことが必要です。

　また、個別ケース検討会議において、これらの点について機関同士で確認して共有しなければなりません。そうでなければリスクが見逃され、結果として重大な事態が生じる可能性も否定できません。「見守り」にはこのような落とし穴があることを認識して、見守るポイントを明確に示しておくことが肝要です。

Q4 在宅支援の判断について教えてください。

　在宅支援の判断について、厚生労働省の通知である「子ども虐待対応の手引き」（平成25（2013）年8月改正版）では、在宅支援の前提となる条件として以下の5点をあげています。
①子どもの安全についての重大・深刻な危険が否定されるか、子どもの安全についての問題が軽微である。
②関係機関間で「在宅で援助していく」ことが可能であるとの共通認識がある。
③家庭内にキーパーソンとなり得る人がいる（少なくとも面接等により信頼できる人物であると判断できる）。
④子どもが幼稚園や学校、保育所などの所属集団へ毎日通っており、継続的に子どもの状況確認が可能であるか、保護者が子どもの状況確認に協力することが十分に期待できる。
⑤保護者が市区町村、児童相談所の指導に従う意思を示し、定期的に相談機関に出向くか、民生・児童委員（主任児童委員）、家庭相談員、保健師、福祉事務所職員、市区町村職員、児童相談所職員等の、援助機関の訪問を受け入れる姿勢がある。

　また、以上の各要件のいずれかが欠ける場合には、「アセスメントを強化しながら在宅指導の妥当性を検討し、引き続き子どもの安全と養育改善についての支援方針を検討することを関係機関の共通認識としなければならない」と指摘していることに留意する必要があります。

§ 家庭復帰後の多機関による在宅支援

> **概 要**
> 乳児院の入所措置を解除されたA子（2歳児）の家庭の状況が変化する中で、十分な情報共有がなされなかったことから、多機関連携協働も十分に行われず、リスクが見落とされて、再婚相手からのDVと虐待が発覚し母子で保護された。

●家庭復帰からの在宅支援の状況

A子の家庭復帰は3月末になされた。A子の家庭復帰後の在宅支援として、児童相談所は児童福祉司による指導（児童福祉法27条1項2号に基づく児童福祉司指導措置）を行うこととした。また支援にあたっては、保育所、保健センター、市の子ども家庭課、福祉事務所、母親の精神科医療機関と連携協働した。なお、母親の再婚相手（A子の養父）が精神科に通院し就労をしていなかったため、A子の養育に係る世帯としては引き続き生活保護を受給している。保健センターは妹の乳幼児健診等でも関与があった。

児童相談所は、月1回、母子で児童相談所に来所することを求め、また家庭訪問を実施することがあることを伝え保護者の同意を得た。4月および5月の児童福祉司による面談時には、母子の様子には特段の変化は見られず、母親はA子と妹の養育で困っていることはないとのことだった。また、児童相談所は精神科医療機関に5月に電話を入れ、母親と養父の通院が継続されていることを確認した。

●子ども家庭課での状況の把握

〈福祉事務所から子ども家庭課への報告（架電）〉6月

馬場：A子ちゃんの家庭復帰後、家庭訪問をまだ行っておりません。そうしたところ、昨日お母さんが相談に来られました。内容が、「夫が切れると怖い」ということだったので、お耳に入れておいたほうがいいかなと思い電話しました。

大塚：そのときのお母さんの表情はどうでしたか。不安そうな様子は見られませんでしたか。

馬場：深刻な表情ではなかったです。母子父子自立支援員と一緒に話を聴きましょうかと提案したところ、「いいです」といって帰っていかれました。何か他に相談したかったことがあったのかなと思ったりしました。

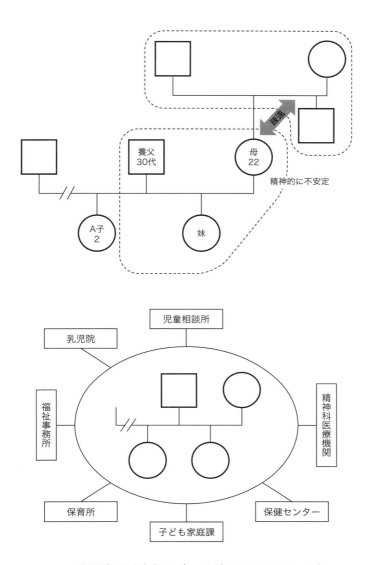

乳児院退所時点のジェノグラムとエコマップ

大塚：お母さんの顔や腕に傷とかありましたか。

馬場：そんな感じは見られなかったですね。

大塚：でもそれは少し気になりますね。確か、妹さんの乳児家庭全戸訪問事業
　　　（こんにちは赤ちゃん事業）がなされていると思うので、訪問時の様子を
　　　保健センターに聞いて、お母さんの様子を確認してみますね。

〈市子ども家庭課から保健センターへの問い合わせ（架電）〉

大塚：A子ちゃんの妹さんのこんにちは赤ちゃん訪問での様子を伺いたくてお
　　　電話しました。福祉事務所のケースワーカーさんから聞いたのですが、
　　　お母さんから「夫が切れると怖い」というお話があったのだそうです。

保健師さんのほうでは、そのような情報をお聴きになっていますか。

秋葉（保健センターの保健師）：こんにちは赤ちゃん訪問時の情報では、妹さんの養育状況に特に気になることはなかったようです。成長も順調です。お母さんからは家庭での心配事に関するお話は聞かれなかったようですね。ただ、妹さんの泣き声が大きくて眠れないという話は出ていたようです。ちなみにエジンバラ産後うつ検査の結果でも特に気になる状態ではありませんでした。

大塚：そうですか。あまり心配はないのでしょうかね。お母さんのことで何か情報があればご連絡をお願いします。

秋葉：私の方で妹さんの養育フォローということで家庭訪問をしてみましょうか。

大塚：そうですね。機会を作っていただけるとありがたいです。よろしくお願いします。

●児童相談所での状況の把握

〈保育所から児童相談所への連絡（架電）〉

神保：A子ちゃんのことなのですが、保育中おままごとをしていたときに、お父さんに見立てた人形を手にしながら「パパはたたくよ」って言ったんですね。ちょっと気になってお電話しました。

恵比寿：A子ちゃんは、ふだん、お父さんのことをよく話すのですか。

神保：いえ、あまり話すことはないので担任が驚いたと言っていました。

恵比寿：お父さんがお迎えに来られることはありますか。

神保：いつもお母さんのお迎えなので、お父さんには会ったことがありません。

恵比寿：A子ちゃんの体のどこかに、あざや傷があったことはないですか。

神保：それはないですね。

恵比寿：そうですか。もしあざや傷が見られることがあれば連絡をお願いできますか。

神保：わかりました。

〈児童相談所から乳児院のファミリーソーシャルワーカーへの問い合わせ（架電）〉

恵比寿：お世話になっております。A子ちゃんのことですが、最近ご家庭とご連絡を取られましたか。

目黒：5月に一度お電話をしました。お母さんが出られて明るい声でした。困

っていることはないとおっしゃってましたよ。

恵比寿：養父さんのことは話に出ましたか。Ａ子ちゃんが養父さんからたたか
　　　れるといった様子は見られないでしょうか。

目黒：それは聴いていないです。

恵比寿：そうですか。またお母さんとお電話されるときがあれば、Ａ子ちゃん
　　　と養父さんとの関係も聞いていただけますか。

目黒：わかりました。注意しておきます。

●その後の経過〜母子の一時保護

　市子ども家庭課が福祉事務所から得た情報、保健センターに問い合わせて得
た情報について、児童相談所など他の関係機関に伝えられることはなかった。
また、児童相談所が、保育所から得た情報、ファミリーソーシャルワーカーへ
問い合わせて得た情報についても、他の関係機関に伝えられることはなかった。

　その後も機関同士が一堂に会し、顔を合わせて情報共有する場（個別ケース
検討会議）は持たれないまま推移した。

　家庭復帰後に通園を始めた保育所では、4月の終わりころからＡ子が欠席す
ることがあり、その際に家庭に電話しても通じないことがあった。そのことを、
児童相談所も市子ども家庭課も保育所に対して聞き取ってはいなかった。

　9月に入り、児童相談所は家庭訪問をして母子と面談した。母親からは特に
困っていることはないとの話があり、Ａ子についても不安定さを感じさせる様
子は見られなかった。母親に、養父とＡ子の関係をそれとなく聴いてみたが、
養父とＡ子はよく遊んでおり、気になることはないと述べた。

　児童福祉司の家庭訪問報告を受けた児童相談所は、家庭引き取り後半年が経
過することから、児童福祉司指導の解除を援助方針会議で決定し、支援を市子
ども家庭課に引き継ぐこととした［▶ポイント］。その旨を市子ども家庭課に連絡
し、主担当機関は市子ども家庭課に移されることとなった。

▶ポイント
児童相談所から市
子ども家庭課に主
担当機関を移す手
続きは適切でしょ
うか。

　ところが10月に入り、母親は養父からの暴力を訴え、Ａ子と妹と共に女性
相談センターに一時保護されることとなった。母親は妹の養育にも行き詰まり
感があり、精神的な不安定さが増していた。Ａ子は女性相談センターの一時保
護所で、夜間「怖い」と言って泣く場面が見られた。そのことを伝えられた乳
児院からは、「そういえば面会のときに養父の姿が見えるとＡ子が緊張する様
子があった」と話が出た。

Q5 家庭復帰時に家族関係が変化している事例ではどういう点に留意が必要でしょうか？

　施設への入所措置を採っている間に、保護者の離婚や再婚あるいは新しいパートナーとの同居が行われることがあります。こうした事例では、家庭引き取り時に新しい親子関係を形成することが求められることとなります。施設から退所して家庭に戻ること自体が新たな環境への適応を求められるうえに、上記の事例ではそれに加えて新しい家族との関係形成をしなければならないことも加わって、子どもにとっての負担となります。

　本事例のように、養父との間に下の子どもが出生している場合には、特に留意が必要です。引き取られた子どもの待遇に格差が生まれないかどうかを事前に見極めるとともに、在宅生活に移ってからきょうだい間の対応に違いが生じていないかどうかを注視する必要があります。

　保護者が再婚することで家庭での養育負担は軽減されると考えがちですが、親子ともに新しい負担を抱えこんでしまう場合もあります。したがって、新しい家族関係のもとに引き取られる際には、事前に十分な交流期間を置き、再婚または同居の相手と子どもとの関係が良好に形成されているかどうかを十分に見立てる必要があります。新しい家族関係のもとに引き取りになる事例では慎重な面会交流の対応が求められるのです。そのうえで、家庭復帰後の安心・安全な養育が保証されるかどうかを見極める必要があります。

レビュー・・

　本事例は、乳児院入所措置中に保護者支援が順調に進んだと判断されたことから家庭引き取りとなったものの、在宅支援での多機関連携協働が十分に行われずに、リスクが見落とされて状況が悪化してしまった事例です。

　施設退所後の在宅支援は、単に元の家庭に子どもが戻ったとだけ捉えるのではなく、新しいステージでの支援であると認識することが必要です。入所している間に家族の構成が変化していることが多く、子どもも成長していて、保護者にとっては予想していなかった負担感が起こり得ます。家族の状況は絶えず変化することを忘れずに、アセスメントを絶えず見直していくことが大切です。状況が変化した場合は、援助方針の見直しも柔軟に行われる必要があります。見守り（⇒Q3）に際して何に注目するかというモニタリングのポイントを絶えず明確にして、関係機関で共有することも大切です。そのうえで、関係機関にとっても、思いがけない展開が起こり得ることを想定して、リスクを予想し、一方で子どもや家族が持つ強み（ストレングス）を活かしながら、必要な支援の手立てを常に考えておくことが求められます。

　また、このような支援を展開するためには、関係する多機関が情報を常に共

有して、状況の変化に臨機応変に対応できなければなりません。そのためには、1対1対応の電話での情報収集でよしとするのではなく、顔を合わせて協議し、支援の方向性を共同で検討することが必要です。そのネットワークをマネジメントするのが、主担当機関になります。主担当機関は、ケースの進行管理を行い、必要に応じて適時に個別ケース検討会議を開催することが肝要です。また、主担当機関以外の他の機関も個別ケース検討会議の必要性を伝えて、その開催を呼びかけることが必要です。

　連携協働はかけ声だけで進むものではありません。一緒に動くこと、同行での訪問や同席での面接など、共同での取り組みを積み上げることが求められます。連携協働は役割分担を行うことと捉える例も見られますが、事例に対する共通理解を深めて共に支援の方針を立て、各機関が重なり合いながらできることを行うというように、むしろ協働による支援を行うための役割分担というように捉えるべきでしょう。そうして、それぞれの機関がなすべきことを確実に実行したうえで、「重ね合う支援」を意識しながら進めていくことが大切です。

　以下、本事例に即して、個別の留意点について指摘しておきます。

①情報の共有

　在宅支援に移ってから、それぞれの機関が個々には、いわば1対1で電話連絡を取り合っていたことが認められます。しかし、その情報はその他の機関に伝えられておらず、さまざまな情報が集約されて状況を構造的に把握する作業が多機関同席で行われていない点に課題があるといえます。情報を基に何が起こっているのか、背景にどんな課題があると推察されるのかを多様にシミュレーション（または推察）し、多機関の参加の下で検討することが必要であったと思われます。それがなかったため個々の心配な情報が、一番安易な予断の中で、そのまま見過ごされてしまう結果となってしまっています。

　こうした多機関による協議をするためには、個別ケース検討会議の場が欠かせません。状況が変化したり心配な情報がある場合は、個別ケース検討会議の開催を呼びかける必要があります。そのために主担当機関に情報が集められて、主担当機関は適時の会議開催を判断しなければなりません。本事例では、連絡が1対1での電話のみで行われていることに気づくと思います。電話だけでは微妙なニュアンスまではなかなか伝わりにくく、また、1対1での連絡では、多様な情報が入りにくく、会話者の中で一面的な見立てに陥ってしまいます。やはり顔を合わせて協議し合うことを重視すべきです。

　なお、家庭復帰前の個別ケース検討会議で、リスクの見立てを的確に行い、

どのような問題が起こりやすいかについて十分見極めておく必要があります。リスクが高まるサインがあれば見逃さずに主担当機関に集約することを申し合わせておかねばなりません。本事例では、こうした点でのコーディネートが十分に行われてはいなかった点に問題があります。

②アセスメントとリスク認識の共有

在宅支援の中で、保育所を休みがちであること、母が夫（A子の養父）を怖がっていることやA子が養父から暴力を受けている可能性があることなどの情報がありました。こうしたリスクを想定させる情報があったときに、それを調査によって確かめるということは特に意識されるべきです。当事者に直接会って話を聴くことや、多機関の関与情報をできる限り集めて状況を理解することが必要となってきます。当事者から確認する際には、無理なく聴き取れる関係性のある支援者に迅速につなげ、また聴き取った情報を相互に確認し合うことも大切なこととして意識する必要があります。

こうした情報を総合して課題を抽出し状況を理解するために、アセスメントツールを活用することも意識しなければなりません。在宅支援の場で使用できるアセスメントツールとしては、「在宅支援共通アセスメント・プランニングシート」（平成29（2017）年度厚生労働省子ども・子育て支援推進調査研究事業「児童相談所と市町村の共通アセスメントツール作成に関する調査研究」2018年3月）があります。こうしたツールを個別ケース検討会議等で使用することで、子どもと家族が置かれている状況の構造的な理解を深め合うことができます。そうしてリスク認識を共有し、課題を整理して支援の手立てを共同で検討することが可能となるのです。

③母親に寄り添う支援者の確保

本事例において、母親は夫（A子の養父）との関係に悩みを抱え、A子と養父との関係についても心配をしていたと思われます。また、妹の養育でも悩みを抱えていたと思われます。それらのさまざまな困難を誰にも相談できておらず、1人で抱え込んでいた可能性があります。母親の気持ちに寄り添い、相談関係を形成して、困っていることを聴くことができる支援者の存在が必要であったといえます。親族との関係が疎遠であるため、より一層そのような寄り添い型のサポートが求められていたといえるでしょう。

特に、福祉事務所に母親が来た時点が端緒としては最も重要な機会でした。自ら足を運ぶということは、なんらかの助けを求めるサインであり、生活保護

のケースワーカーは、「母子父子自立支援員といっしょに話を聴くこと」を提案するのではなく、すぐに話を聴くべきであったと考えます。母子父子自立支援員といっしょに話を聴くことは決して悪いことではありませんが、提案をしたことで、せっかく相談に来た母の相談意欲をそぐことになっています。ケースワーカーとしては、自分の職務の論理とは異なる内容であったために、「母子父子自立支援員といっしょに」ということになったことは理解できますが、他方で、クライアントにとって相談するためのエネルギーの負荷は大きく、迷いが生じるとすぐに萎えてしまうものであることも理解しておく必要があります。すでに、多機関連携事例であることを踏まえ、連携のための論理を理解したうえで、多少無理をしてでも即応する姿勢はとても大切です。

　また、支援者として想定された保育所のスタッフが関係性を構築するまでには至っていなかったことも気にかかります。さらに乳児院のアフターケアの中で、ファミリーソーシャルワーカー等が母親の気持ちを聴くことも十分にはできていなかったと思われます。母親に寄り添う支援関係を形成できる関係者は誰なのかを明らかにし、その支援関係を支援ネットワークの中に位置づけることが必要であったといえるでしょう。

④児童相談所と市子ども家庭課の役割

　本事例では、A子の家庭復帰の判断を行い、さらに家庭復帰後の在宅支援において主担当機関を担うのは児童相談所でした。復帰に際して児童福祉司指導措置を採っており、児童相談所としてもそれは意識していたはずです。児童相談所としては、関係機関の情報を絶えず集約して、リスク状況を判断し、適時個別ケース検討会議を呼びかけるなど、機関連携を主導しなければならなかったはずです。また、もたらされる情報を基にリスクを推測またはシミュレーションし、子どもと家族に対する必要なアプローチを迅速にコーディネートすることが必要であったといえます。

　また、保育所から養父の暴力を想起させる情報がもたらされたとき、当事者に会って話を聴く機会をつくるなど、積極的にリスクをアセスメントするための取り組みを児童相談所自身が迅速に行う必要があったといえます。この事例の経過を見ると、養父と直接面接したり養父への支援を行ったという場面が見られません。家族全体の構造の把握や支援のためには欠かせない点であり、養父に対してそうしたアプローチができるのは、児童相談所であり、生活保護のケースワーカーであったと考えられます。こうした枠組みをはっきりと意識したうえで、精神科医療機関にもその点での関与を求めることもまた大切なこと

であったと考えられます。

　さらに、在宅支援においてはＡ子の養育状況だけではなく、妹を含めた２人の子どもを養育することの負担に着目し、家族全体としての状況を把握することも大切であったといえます。こうした観点に立って多機関で検討することもなされてはいなかったといわざるをえません。いずれにせよ、こうしたアプローチをとるための協議が必要であることはすでに述べたとおりです。

　加えて指摘すべきなのは、本事例において、児童相談所が児童福祉司指導措置を解除するという判断にあたって、関係機関の情報を統合して状況をアセスメントしたうえで決定が行われたのかどうかが疑わしい点です。児童相談所の判断を関係機関に伝え、他機関の意見も聴いて、主担当機関の変更について協議し合うために個別ケース検討会議を開催すべきであったと思われます。こうした取り組みが行われなかったため、その後の状況が悪化することを予測できず、事態が進行した中での保護という結果になってしまいました。

　児童福祉司指導措置を解除してのちは、市の子ども家庭課が主担当機関となっています。市の子ども家庭課は要対協の調整機関であり、在宅支援におけるコーディネーターの役割を持っています。他機関からリスクを想定させる情報が入った場合には、その他の機関の情報を収集もして児童相談所に伝えたり、個別ケース検討会議を開催するなどの動きを採ることが求められます。調整機関としての役割機能を市子ども家庭課が十分に果たせていなかったことも課題として指摘できます。

　養育状況は容易に変化しやすいことを忘れず、関係する支援者が一堂に会して協議することが肝要であることをあらためて銘記したいと思います。

Case 6

虐待環境に生育した
低学年児が示した暴言暴力

入学後しばらくして落ち着きなさが目立つようになったB男（小1）。次第に教室を抜け出したり、休み時間が終わっても教室に戻らなくなった。教師たちは懸命に対応したが、B男の攻撃的行動や暴力はエスカレートしていった。

概要

学校は補助教員を配置して対応したが、教職員に対しての「試し行動」が激しく、「死ね」「来んな」等の暴言の一方で、「先生がお母さんだったらいいな」等と甘えたりする様子も見られた。キレると学校の設備を壊す、棒を振り回す、教職員につかみかかる、学校で飼っているウサギをいじめる、他の児童を突然後ろからはがいじめにして投げ飛ばす等の暴力行為もあり、担任のみならず学校全体が疲弊していった。

関係機関	主な支援者（登場人物）
小学校	渋谷（担任教諭）
	中野（副校長）
	目黒（校長）
	本郷（養護教諭）
	大久保（スクールソーシャルワーカー：SSW）
市（子ども家庭課）*	大塚（相談員）　*要対協調整機関
市（保健センター）	秋葉（地区担当保健師）
児童相談所	恵比寿（担当児童福祉司）
P病院	五反田（児童精神科担当医師）

§ 事例化の経緯
―― B男の問題行動が明らかになり、学校内で検討される

　父（F夫）と2人で暮らすB男が小学校に入学した。F夫に仕事や用事があるときには主にF夫の実家の祖父母がB男を世話していたので、入学前の生活状況について学校にとくに情報は寄せられていなかった。

　入学後1か月ほどは平穏に過ぎたが、学校に慣れてきた頃から、B男は自席に座っていることができなくなった。教室内で立ち歩くだけでなく、授業中に教室を抜け出してしまうことが増えていった。休み時間が終わっても教室に戻

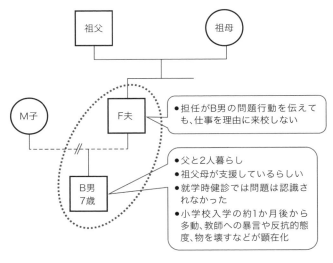

事例発覚時の状況

図内のラベル:

- 祖父
- 祖母
- M子
- F夫
- B男 7歳

- 担任がB男の問題行動を伝えても、仕事を理由に来校しない

- 父と2人暮らし
- 祖父母が支援しているらしい
- 就学時健診では問題は認識されなかった
- 小学校入学の約1か月後から多動、教師への暴言や反抗的態度、物を壊すなどが顕在化

らないようになり、1学期の終わりにはほとんど授業に参加できない状態になった。

　担任の渋谷教諭は、他の児童を教室に残したままB男を追いかけることもできず、B男が教室からいなくなるたびに他の職員に応援を要請しなければならなかった。職員室にいた教員が総出でB男を探すが、すばしこいB男は校内のさまざまなところに隠れたり、いたずらをして備品を壊してしまうこともあった。B男には、教員に追いかけられるのを楽しんでいるような様子も見られた。教室に戻るよう促す教職員に対して、「死ね」「来んな」と暴言を吐いたり、手を引こうとすると、蹴ったり噛み付いてきたり、小さな身体ながら激しく抵抗した。

　B男の暴言暴力が生じるたび、渋谷教諭はF夫に連絡して来校を依頼した。しかしF夫は「仕事中だから迎えに行けない。学校でB男を強く叱ってもらって構わない」等と投げやりな発言を繰り返すばかりで結局来校しなかった。

　渋谷教諭は経験15年の男性教員であり、今までの学級運営は順調であった。しかし次第にB男への対応に疲弊していき、上司の中野副校長や養護の本郷教諭に相談を持ちかけた。

　ある放課後、この3人で最初のミーティングが持たれた。

渋谷：どうしたものだか、父には何度も連絡しているんですが、「家でも注意
　　　してますよ。学校で変なことするようなら、遠慮なく叱ってもらってい

いですから」などと言うばかりで、来校してくれないんです。

中野：他の子どもたちにはどうなんですか。

渋谷：まあ、今のところは大きなトラブルにはなっていません。Ｂ男と私たち教員が追っかけっこみたいになるのを始めはおもしろがって見ている子もいました。けれども、Ｂ男の激しい言葉や暴れように、周囲はだんだん怖がってＢ男を避けるようになってきて、最近ではＢ男は孤立しがちです。それでまたＢ男のいらいらが募って荒れやすくなって…

本郷：多動とか、注意欠陥・多動性障害（AD/HD）とかありそうなんですかね。

渋谷：正確にはわかりません。ただ、静かな場所に呼んで２人で話してみると、意外に素直なところもあるんですよ。あの子はおもしろい子だから友達になりたいとか、自分は乱暴だからどうせみんなに嫌われてるに決まってるとか、自分の問題をある程度自覚しているのかな、と思えるような発言があるんです。明日は頑張ろうね、と送り出したとき、うつむいて寂しそうな表情を見せたのも意外でした。

本郷：そうですか。やっぱりご家庭の状況や、これまでどんなふうに育ってきたか確かめないといけないですね。

中野：他の子への影響も心配なので、渋谷先生、本郷先生と協力して、そこら辺についても、よく家族にお聞きして対策を練ってください。場合によっては特別支援のほうも考慮してください。

渋谷：はあ…

本郷：就学時健診でも、Ｂ男については何も情報がなかったんですよね。子どもの様子、家庭の様子からすると「要支援児童」と見たほうがよさそうなので、市の子ども家庭課にも相談してみたいと思います。

渋谷：ぜひお願いします。

Q1 就学時健診／要支援児童とは、どのようなものですか？

●就学時健診

市町村（東京都の特別区を含む）の教育委員会が就学事務の一環として、就学予定者の心身の状況を的確に把握し、保健上必要な勧告、助言を行うとともに、適正な就学を図るために実施される（学校保健安全法第十一条）。就学時の健康診断において、「発達障害を含む障害の疑いがある場合には、教育相談や就学支援を担当する部局及び保健・福祉部局と連携し、情報の共有や引き継ぎ等の手続き等をあらかじめ策定し、適切に保護者に対し教

育相談、子育て相談、心理発達相談、かかりつけ医への相談に引き継ぐことなどが大切である」（「就学時の健康診断マニュアル」公益財団法人日本学校保健会、平成30年）とされている。保護者の理解を得たうえで1歳6か月児や3歳児の乳幼児健康診査（母子保健法第十二条）の情報を関係機関と保健・福祉部局と共有し、支援につなげることが望まれている。

●要支援児童

要支援児童とは、「保護者の養育を支援することが特に必要と認められる児童」のことです。児童福祉法（第6条の3第5項）では、特定妊婦と併せて「要支援児童等」としています。要支援児童等について、情報共有を図り、より連携を強化する必要があることから、平成28年の児童福祉法の改正では、市町村（調整機関）へ情報を「提供するよう努めなければならない」とされました（第21条の10の5[*1]）。厚生労働省からも、「要支援児童等（特定妊婦を含む）の情報提供に係る保健・医療・福祉・教育等の連携の一層の推進について（通知）」が発せられています。要支援児童等は、要保護児童対策地域協議会（以下、要対協）で取り扱われ、関係機関で情報共有（情報の本人外収集、目的外利用、提供）することができます。

[*1] 児童福祉法第21条の10の5
病院、診療所、児童福祉施設、学校その他児童又は妊産婦の医療、福祉又は教育に関する機関及び医師、歯科医師、保健師、助産師、看護師、児童福祉施設の職員、学校の教職員その他児童又は妊産婦の医療、福祉又は教育に関連する職務に従事する者は、要支援児童等と思われる者を把握したときは、当該者の情報をその現在地の市町村に提供するよう努めなければならない。
② 刑法の秘密漏示罪の規定その他の守秘義務に関する法律の規定は、前項の規定による情報の提供をすることを妨げるものと解釈してはならない。

§ 学校、子ども家庭課、スクールソーシャルワーカーの連携

　本郷教諭は、早速子ども家庭課に連絡した。同課地区担当の大塚相談員に、B男の家庭について何か情報がないか問い合わせた。大塚相談員は、市の記録を見直し、保健センターの地区担当保健師にも問い合わせてみると答え、翌日折り返しの電話をくれた。

大塚：保健センターの地区担当、秋葉保健師からの情報は次のようでした。
　　　予防接種は遅れがちでしたが、一通り受けているようです。母は未婚でB男を出産し、父はB男を認知していますが、両親は結婚しないまま別れてしまったたようです。3歳児健診のときは、父方祖母が付き添っていました。そのときの話で、母方の実家の反対が強くて結婚には至らず、B男が1歳になる前に母がひとりで出て行ってしまった。困ったものだ

が、こちらで預かるしかないということになったと祖母は言っていました。発達相談を受けたという記録はありません。

B男は3歳から1年半ほど保育所に通ったあと退所しています。この間4歳のときに、保育所からB男のお腹にあざがあったと子ども家庭課に通告がなされています。前任者に確認したところ、その後、児童相談所が介入したという記録がありました。本来であれば、保育所での保育は継続されるはずですが、これをきっかけに父親が退所させたようです。

本郷：そうだったんですか。いろいろと問題がありそうなご家庭ですね。今後もいろいろ相談に乗っていただけますか。

大塚：はい。こちらも何か関わることができそうな糸口がないか考えてみます。

　本郷教諭は以上の話を渋谷教諭、中野副校長に伝えた。

　中野副校長は、「家庭に問題があるとわかったのだから、本当は、子ども家庭課とか児童相談所に対応してもらいたいところですね。学校から市に連絡したことがわかると、父親と関係が悪くなるかもしれないので、今後の対応は慎重にしなければいけませんね」と渋い顔で言った。同時に、「そういえば、教育委員会に、家族問題への対応に経験豊富な大久保さんというスクールソーシャルワーカー（以下、SSW）の方がいて、何かあれば相談に乗ってくれると言っていました。渋谷先生か本郷先生、一回会ってみてはどうでしょう」と付け加えた。

　渋谷教諭は早速教委を通じて大久保SSWに連絡して来校を要請し、学校で再びミーティングを開く予定を立てた。

Q2 スクールソーシャルワーカーの機能と役割について教えてください。

　学校で増え続けている不登校、心身の障害あるいは精神疾患を抱える児童生徒、いじめや暴力問題、児童虐待などに対応するためには、当事者児童の心のケアが最も重要です。しかしそれだけでなく、家族や関係機関と連携して児童生徒の置かれている環境へのアプローチがしばしば必要となります。

　スクールソーシャルワーカー（SSW）は、児童生徒が抱えるさまざまな問題に対し、必要な関係機関と連携しながら、早い段階から医療や生活支援、福祉制度が活用できるよう支援する福祉の専門家（学校教育法施行規則）です。

　文部科学省は、1995（平成7）年度から配置を推進してきた心理の専門家であるスクールカウンセラー（SC）に加え、福祉の専門家であるSSWを活

用して、子どもたちの不登校や問題行動等に一層効果的に対応していくことを目指し、2008（平成20）年度から都道府県や政令指定都市、中核市等の教育委員会への配置を進めています。しかし、SCおよびSSWの専門的職務や具体的役割については未だ周知されておらず、学校や関係機関との連携が不十分であることから、文科省はSSWの活動事例を掲載した実践活動事例集を、各自治体もガイドブックを作成して学校と関係機関との連携を促進しています。同ガイドブックでは、SSWが実際に担った役割や連携・調整を図った関係機関が具体的に記載されています。

SSWは学校の要請に応じて教育委員会から派遣されますが、自治体によっては、実質的に学校に席を置き、校長や各教諭からの相談に直接応じるなど効率的な運用を工夫しているところもあります。

SSWの職務内容としては、「児童生徒の教育相談の充実について～学校の教育力を高める組織的な教育相談体制づくり～（報告）」を参照すると、(1) 問題を抱えた児童生徒が置かれた環境への働きかけ、(2) 関係機関等とのネットワークの構築並びに連携及び調整、(3) 学校内における支援体制の構築及び支援、(4) 保護者並びに教職員などに対する支援、相談及び情報提供、(5) 教職員等への研修活動、などです。

このような多岐にわたる職務を十分に果たすためには、SSWの充足が重要です。「ニッポン一億総活躍プラン（平成28年6月2日閣議決定）」では、SCを全公立小中学校2万7500校（平成27年度：2万2373校）に配置し、SSWはすべての中学校区に計約1万人配置（平成27年度：2247人）することを目指しています。

学校での早期発見と適切な初期対応の推進

現　状
○ 児童虐待の対応については、法令に基づき、早期発見・通告・情報提供が重要。
○ 一方、関係機関が協力・連携して対応することが必要であり、更なる体制整備が必要。

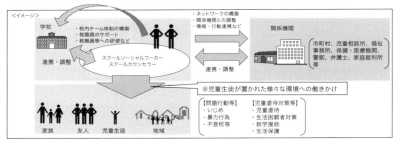

対　応
○ 学校へのスクールソーシャルワーカー（SSW）及びスクールカウンセラー（SC）の配置を充実。
　　平成31年度概算要求額　　スクールソーシャルワーカー活用事業　1,978百万円、10,047人（1,484百万円、7,547人）
　　　　　　　　　　　　　　スクールカウンセラー等活用事業　4,873百万円、27,500校（4,569百万円、26,700校）
　【目標（H31年度まで）は、SSWは全中学校区（1万人）、SCは全公立小・中学校（27,500校）】
○ 加えて、虐待対策のための重点加配。
○ SSW及びSCの活用促進に向けた職務内容の明確化や、資質向上のための研修の推進。

文部科学省における平成31年度児童虐待防止対策関連予算要求について
出典：平成30年第9回児童虐待防止対策に関する関係府省庁連絡会議幹事会

§ 関係者会議

　その間にもB男の暴力的行動は収まらなかった。B男は、周囲の児童が自分と距離を置こうとする雰囲気にいらだちを募らせ、ちょっかいを出したり、他の児童のものを取ったり、わざと嫌な言葉を投げつけたりして、余計に周囲から浮いてしまう悪循環に陥っていた。そしてついに他の児童を後ろから羽交い絞めにして投げ飛ばし、軽い傷を負わせてしまうという事件が起こった。

　こうしたことから、校長は、B男の家族にしっかり対応しなければならないと判断し、関係者会議の開催を子ども家庭課に求めた。

●参加者

渋谷	担任教諭
目黒	校長
中野	副校長
本郷	養護教諭
大久保	SSW
秋葉	保健センター地区担当保健師
大塚	子ども家庭課相談員、要対協調整機関

●協議

大塚：まず、この間のことについて、学校からご報告いただければと思います。

中野：ご参集ありがとうございます。当校1年生のB男が、他の児童に怪我を負わせたというのは、先だってお伝えしたとおりです。その後ですが、父親のF夫に電話して、F夫が学校に来られないなら、B男を連れて、これからF夫のいる所に出向きたいと強く申し上げました。F夫は仕事を早退して自宅に戻ると答えたので、私と渋谷先生で、B男を連れて、一緒に自宅に向かいました。

　F夫はすでに帰宅しており、私たちから事件の顛末(てんまつ)と、収まらないB男の問題行動を説明し、家庭生活について尋ねました。

　F夫は、自分も言えるだけのことは言っている。でも、不定期の仕事が入るから、生活のためにはB男の世話は祖父母にお願いするしかないのだと言いました。さらに、怖気(おじけ)づいているB男を罵倒するように叱責し、今にもつかみかかるような態度を見せたので、慌てて2人でF夫を制止しました。

　学校からの提案として、一度発達相談などに出向くよう勧めました。F

夫はそうしたいと思うが、どこに行ったらよいかわからないと言ったため、市内の児童精神科受診か児童相談所への相談について説明しました。これに対して、F夫は児相は嫌だな、と言って黙り込んでしまったというのが家庭訪問時の父親との面談です。

すでにお伝えしてありますが、暴言暴力がひどい子で、保護者もあまり協力的でないので困っているという状況です。以前、児相に一時保護されたこともあるようで、家庭支援を含めて考えなければいけないと考え、子ども家庭課に連絡した次第です。皆さんのお知恵を拝借したいと思います。

大塚：このたびのことで、B男君について私どものところにある記録などをもう一度整理してみました。要支援家庭としての関わりは昨年終了していましたが、やはりちょっと早かったかもしれません［▶ポイント］。今日の話し合いの結果によっては再度事例登録する可能性がありますので、私が司会をしましょうか。

▶ポイント
「関わりを終えるのが早かった」という発言の理由を考えてみましょう。

中野：ぜひ、お願いします。

大塚：B男の生育歴についてわかっていることをご説明します。B男が4歳のとき、祖父からの虐待により一時保護された際の聞き取り情報です。

B男は父F夫が22歳、母M子が24歳のときに生まれました。F夫はB男を認知しましたが、結婚はしないままF夫・M子両親はF夫の実家に同居してB男を育てることになったようです。詳細不明ですが、生後1年ほどでF夫とM子の関係が悪化し、M子が家を出て行ってしまいました。

渋谷：F夫からでなく、祖父からの虐待ですか。

大塚：そうです。F夫は定職につかず、知り合いの飲食店を手伝ったり短期のアルバイトを繰り返しており、B男の養育は実際には祖父母が担っていたようです。

祖父は言うことを聞かないB男にきつくあたり、しつけと称して殴ったり蹴ったりすることがあったということです。

B男が4歳になった頃、保育所から「お腹にあざがある」と子ども家庭課に通告がありました。子ども家庭課はF夫に連絡し、事情を聴いたところ、祖父による身体的虐待の可能性が疑われました。児相が一時保護を視野に入れて調査に入りましたが、F夫は「自分が親父（B男の祖父）に暴力はダメだと言う。しっかり見張る」と強く主張したので、その言を信じて経過観察となりました。

渋谷：そのときは一時保護されなかったんですね。

大塚：はい。しかしその約半年後、Ｆ夫が昼過ぎに帰宅すると、Ｂ男が額から血を流してぐったりしていました。祖母は介護ヘルパーの仕事で不在であり、隣室にいた祖父に問い質すと、食事を粗末にしたからちょっと懲らしめただけだと平然と答えたということです。

Ｆ夫は救急車を要請し、Ｂ男は救急搬送されました。病院は児相に虐待通告し、Ｂ男は3日後の退院日に、保護者同意のないまま職権一時保護されました。Ｂ男が入院し、病院から通告があった日に祖父は警察に一時身柄を拘束されましたが、起訴はされませんでした。だいたいこんな経緯です。

大久保：そんな大変な出来事があったとしたら、Ｂ男君の問題行動は、AD/HDという障害によるものかどうかわかりませんね。しかし最初のときに父が責任持つと言ったからといって、一時保護されなかったというのは、ちょっと理解しにくいですね。その次に救急搬送されたときはさすがに保護されていますが、保護が解除されたのはどうしてでしょう。

大塚：当時、担当児童福祉司だった恵比寿さんに問い合わせてみました。Ｂ男が最初に保護されたあと、Ｆ夫は何度も児相に足を運んで、「自分が目を離したのが悪かった。親父は昔から荒い気性で、酔うと自分もよく殴られた。だから自分はＢ男に手を上げないようにしている」、などと言いながら反省的な態度を示したようです。実父のＦ夫が加害者ではなかったというのが、多分一番の理由になったのかと思います。

Ｂ男の家庭復帰に際しては、祖父と同居しないことを条件として、1か月半ほどで一時保護は解除されています。Ｆ夫はＢ男を連れて実家を離れ、アパートで暮らし始めました。しかしＦ夫は仕事や飲酒で帰宅が遅くなることが多かったことから、Ｆ夫の妹が同居して子育てを手伝うことになりました。この妹はまだ20歳そこそこだったため、十分な母代わりにはなれないながら、妹なりに一所懸命Ｂ男を世話していたようです。

大久保：Ｆ夫が1人でＢ男を養育したというわけではないのですね。

大塚：その後も子ども家庭課から何度か家庭訪問しています。家の中は片づけられており、Ｂ男の栄養状態も悪くなかったと記録にあります。ただ、一時保護解除のあと保育所には数か月通っただけでその後退所したと聞いていましたので、妹さんに理由を尋ねたところ、お金がないし、送迎も大変だからと答えたようです。

保育所の情報では、朝夕の送迎はＦ夫の役割でしたが、Ｆ夫は前日の飲酒が残って起きられないことも多く、連絡なく保育所を欠席することが

しばしばあったようでした。また、妹さんは人前に出るのが苦手な人らしいという記録もあります。

秋葉：1歳頃、F夫が予防接種で付き添ってきたときの面接記録では、F夫は無口であまり視線を合わさないおとなしい人といった記載があります。

大塚：一時保護が解除されたあと、祖父母宅にも家庭訪問して祖母から話を聴いた記録が少しだけあります。祖母が言うには、「あの子（F夫）は寂しがり屋で、年上の女性に惹かれるみたいなんです。何度か結婚の真似事みたいに女性と一緒に暮らしては、貢いだ相手に逃げられてしまったりして。あたしらがしっかりした子に育てられなかったから悪いんだけど、F夫はB男の母にも、なんかたぶらかされちゃったんじゃないでしょうか」と。

B男が6歳になる少し前に子ども家庭課が家庭訪問したときに、妹さんではない女性がいて、B男と仲よく遊んでいました。こちらが挨拶すると、相手も丁寧にお辞儀をして名乗りました。F夫さんとのご関係は、と尋ねると、時期は未定だが結婚の予定があると言いました。その後F夫に確かめると、B男の母になってもいいと言ってくれるので結婚するつもりだと答えました。数か月後にF夫に連絡したところその女性を籍に入れたと言うので、要対協事例から外れることになったわけです。

しかし…今回調べてみると、婚姻関係は3か月ほどで切れていました。現在はF夫とB男のひとり親世帯となっており、児童扶養手当等が支給されています。たしかに、目を離すのは少し早かったかもしれません。

渋谷：それでは学校が終わったら、家で1人でいるのだろうか。休みの日はちゃんと食事を摂っているのか心配です。ときどきすごい勢いで給食を食べる様子を見かけます。

大塚：保育課に問い合わせたところ、入学前に自宅近くの学童保育には登録しているようです。ちゃんと行っているか、こちらで確かめてみます。それから、二番目の女性と離婚したあと、最近また新たな女性が入り浸っているようですね。近所に住む民生児童委員さんにお聞きした話ですけど。

　　関係者会議のあと、学校は大久保SSWがF夫との連絡を担当し、B男の発達診断を受けるように勧奨し、医療機関につなぐ役割を担当することとした。また渋谷教諭の疲弊をカバーするために、このクラスにB男担当の補助教員をつけることにした。

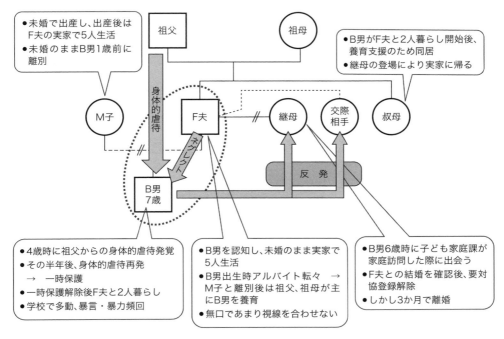

 の中の文字:

・未婚で出産し、出産後は
 F夫の実家で5人生活
・未婚のままB男1歳前に
 離別

祖父　　　　祖母

・B男がF夫と2人暮らし開始後、
 養育支援のため同居
・継母の登場により実家に帰る

M子　　身体的虐待　　F夫　　継母　交際相手　叔母

ネグレクト

反　発

B男
7歳

・4歳時に祖父からの身体的虐待発覚
・その半年後、身体的虐待再発
　→　一時保護
・一時保護解除後F夫と2人暮らし
・学校で多動、暴言・暴力頻回

・B男を認知し、未婚のまま実家で
 5人生活
・B男出生時アルバイト転々　→
 M子と離別後は祖父、祖母が主
 にB男を養育
・無口であまり視線を合わせない

・B男6歳時に子ども家庭課が
 家庭訪問した際に出会う
・F夫との結婚を確認後、要対
 協登録解除
・しかし3か月で離婚

初回関係者会議で判明した家族状況

　子ども家庭課では、要対協に諮り本家族を再度要支援家庭に登録したが、一度に複数機関が関わることはF夫の警戒心を強めることが懸念されたため、学校が積極的に関わっている間は、情報共有を続けながら、市は後方支援役として待機することになった。

§　その後の経過──児童精神科受診にこぎ着ける

●その後のB男の様子

　その後もB男の不安定な状態は続いた。朝食を摂らずに登校して「お腹がすいた」などと言うことがあったため、学校ではやむを得ず軽食を用意しておくようにした。そのうちに、B男は登校途中にコンビニに寄って買い食いしながら登校したり、ときには万引きしたのではと疑われるような品物がポケットから出てくることもあった [▶ポイント]。

　渋谷教諭も大久保SSWもB男の父F夫と安定した関係を築くことが難しく、再三電話をしても、F夫から折り返しの連絡が来ることは稀であった。B男が学校で新たな問題を起こすたびにF夫に連絡するが、連絡がついたとしても相

▶ポイント
このようなときは
どのように対応し
たらよいでしょう
か。

変わらず、「仕事中だから迎えに行けない。適当に叱ってくれ」等と投げやりな対応をすることが多かった。

　ごくたまに連絡に応えてF夫が来校すると、B男はうれしそうな様子を見せた。しかし、F夫が「おまえのせいで仕事を中断して帰ってきた」となじると、B男は混乱した様子で泣き喚いたり、F夫を振り切って走って帰ってしまうことがあった。

●学校の支援体制とB男の変化

　担任が男性教師なので、補助教員にはあえて女性のC教諭をつけることにした。B男は「うるせえばばあ」「死ね」「俺に構うな」「つかまえてみろよ」等の暴言や激しい試し行動が見られ、B男はCを突き飛ばしたり、校庭でカエルを殺してCに投げつけてくるようなこともあった。1か月ほどするとCはとても対応できないと訴え、結局退職することになった。

　Cが退職すると知ると、B男は「俺があいつをクビにしてやったんだ、ざまあみろ」「どうせ俺はひとりだ」等と自暴自棄的な発言をした。学校はもう一度女性の補助教員D教諭をつけることにし、Dや担任だけがB男を抱え込まなくて済むよう、校内の支援体制を整備して、空き時間の教員ができる限り応援に行くようにした。

　大久保SSWは週に1回程度学校を訪れ、渋谷教諭やDからB男の状況を聴き、第三者的立場から悩みや辛さを受け止め、2人のストレス緩和に努めた。

　B男はDに対しても激しい試し行動をした。しかし根気良く向き合うDにB男は次第になつくようになり、教室を抜け出て校庭でDと過ごしているときに「Dがお母さんだったらよかったな」「家に帰ってもひとりなんだ」「パパは俺のことなんてどうでもいいんだ」「パパの彼女が嫌い。ママでもないのに偉そうにいろいろ言う」等と話すようになった。

●B男の児童精神科への受診

　渋谷教諭と大久保SSWはF夫と連絡がつくたびに、児童精神科の受診を勧めた。F夫がしぶしぶ承知したことから、その場でSSWが仲介してP病院に予約を入れた。SSWは学校におけるB男の様子を伝えたほうが正確な診断が得られるだろうと同行受診を提案し、F夫はこれを受け入れた。

　数か月後、初診の日を迎えたが、SSWが病院で待っていてもF夫とB男は現れず、連絡も取れなかった。やむなく予約を取り直し、初診日直前の連絡を徹底したことで、やっと診察を受けることができた。

§ 児童精神科の関わり

●診察室で

F夫は、自分なりにB男を間違いを犯さないように育てているつもりだが、苦労が絶えなかったし、今回のように周囲から責められてばかりだと、診察を担当した五反田医師に話した。五反田医師はF夫の苦労をねぎらい、いくつかの発達検査をB男が受けることを勧めた。診察の間、B男は大人しくF夫の膝の上に座っていた。同席した大久保SSWは学校でのB男の発言や行動を説明したが、B男がその話をさえぎることはなかった。

発達障害に関する親記入の問診票を次回までの宿題とし、2回目の受診時には知能検査（WISC-Ⅳ）が実施された。検査の結果、B男のFSIQ（テストの総得点）は低くはないが、各要素のアンバランスが大きいことが指摘され、言語能力が高い反面、ワーキングメモリが低いことがわかった。問診票は未記入の項目が多かったので、理由を問うと、乳幼児期にB男と一緒に過ごす時間が少なく、判断できないとF夫は説明した。

Q3 WISC-Ⅳとはどのようなものですか。発達障害の診断にも使えますか？

WISC-Ⅳ（Wechsler Intelligence Scale for Children-Forth Edition）は、ウェクスラー式小児用総合的知能検査の最新版として2003年に刊行され、日本語翻訳版は2010年から使用可能になっています。適用範囲は、5歳0か月から16歳11か月までとされています。

「知能」とは多数の因子により構成される複合的概念ですが、このテストは言語理解、知覚推理、ワーキングメモリ、処理速度という4種の下位項目から構成され、全般的な知的能力（Full Scale Intelligence Quotient：FSIQ）が評価できるように設計されています。WISC-Ⅳでは、このFSIQ（いわゆる「知能指数」として一番表に出やすい数字）のみならず、それぞれの下位項目の得点やそのばらつきの程度が、技能習得や学習指導に際して活用できるという利点があります。

このうちワーキングメモリ（作動記憶）とは、必要な情報を一時的に保持して処理する機能のことです。大雑把に言えば「心の作業台」のようなものであり、パソコンのRAMメモリにたとえられることもあります。現在、このワーキングメモリは、種々の発達障害者の認知的特徴を理解し、支援方法を考案するうえで重要な項目となっています。例えば知識や技能を習得される際に、ワーキングメモリが強い子どもには聴覚的手がかりを多用できますが、それが弱い子ども（例えばAD/HD児）には視覚的手がかりを中心に学習指導するとともに、集中力を高める工夫が必要とされています。

また、かつてワーキングメモリは生来の資質として固定的なものと考えられていましたが、最近の研究によれば、訓練によってある程度向上することが知られるようにもなっています。

●児童精神科への通院から多職種連携へ

　児童精神科への受診は概ね月に一度の頻度となり、AD/HDとの確定診断は得られなかったものの、その傾向は認められたため、薬物療法への反応性を見て診断に役立てるという方法（治療的診断）が開始された。大久保SSWは毎回受診に同席するようにしたが、予約の日にF夫とB男が待ち合わせた病院に現れないことがしばしばあった。受診できた際には、SSWは待ち時間を利用してF夫と世間話をしたり、子育ての相談に乗ったり、ひとり親の苦労をねぎらったりした［▶ポイント］。

▶ポイント
医療機関につながった後も支援は必要なのでしょうか。

　大久保SSWが病院で父子関係を観察した限りでは、F夫は自分なりにB男を大事に思っているようであり、B男も父になついていた。しかしB男がときどき漏らす言葉から推察すると、F夫にはまだ子育てよりも自身の楽しみや交友関係を優先してしまう傾向があり、夜間B男を放置して同棲している女性と出かけてしまったり、食事を十分に用意しないなどB男へのネグレクト状態が散発していた。SSWは渋谷教諭、本郷教諭とも相談し、家庭環境の改善のために子ども家庭課や保健センターにも関わってもらう必要があるとの意見が一致した。

　2回目の関係者会議が設定された。今回の会議は要対協の個別ケース検討会議として位置づけられ、児相にも参加が呼びかけられた。

§ 学校と子ども家庭課の協調介入および特別支援学級（通級）の導入

●参加者（場所：P病院会議室）

渋谷	担任教諭
中野	副校長
本郷	養護教諭
大久保	SSW
秋葉	保健センター地区担当保健師
大塚	子ども家庭課相談員、要対協調整機関
恵比寿	児童相談所
五反田	P病院児童精神科

●協議

五反田：父のF夫はB男が乳児の頃はB男の母に、母が家を出てからは専ら祖
　　　　母に養育を任せきりにしていたようで、"はいはい"や初歩きの月数、
　　　　初語が聞かれた時期についてほとんど覚えていませんでした。

　　　　3歳頃になってB男の行動範囲が広がると、B男がおもちゃや何かを投
　　　　げたり食事を食べなかったりすると、祖父は怒鳴ったり、頭を強く叩い
　　　　たりして叱るため、祖母やF夫はB男をかばったと言います。もっとも、
　　　　B男も利かん気の子どもだったので、祖父が叱るのもある程度仕方ない
　　　　とF夫は思っていたそうです。4歳頃のB男は、祖父の前では顔色をう
　　　　かがったりしてわりとおとなしかったが、祖父の姿が見えないところで
　　　　はプランターの花をむしったり、虫を捕まえて殺したりする行動を表し
　　　　たそうです。言語発達は年齢相応ですが、他者への警戒心が強く、感情
　　　　制御力が低いのは学校で観察されるとおりです。

　　　　WISC-IVの結果をF夫に説明して、B男にはAD/HDの傾向があるので、
　　　　気長な治療や家族の支えが必要だと伝えました。

中野：AD/HDだったら、普通級では無理ですかね。

五反田：たしかに落ち着きなく多動で、注意力、集中力の問題もあるでしょう。
　　　　ワーキングメモリ得点が低いことも弱点になっています。

　　　　しかしこのような生育歴のお子さんが、真性の発達障害でなくても類似
　　　　の症状や問題行動を示すこともあります［▶ポイント］。環境条件を整えて、
　　　　気長に観察しないと確定診断はできません。薬物療法の効果についても、
　　　　もう少し時間をおいて評価する必要があります。

　　　　もっとも、現在の教室には不適応を来しているので、特別支援級への参
　　　　加は意味があると思います。

大久保：児童相談所に一時保護されていたときのB男の心理評価はどのような
　　　　ものだったのでしょうか。

恵比寿：記録では、入所して1週間ほどは帰りたいと駄々をこねたり、周囲か
　　　　ら離れて馴染めない態度でしたが、その後は保育士の誘導で同年代の子
　　　　どもたちと遊ぶようになったようです。行動面についてあまり詳しい記
　　　　載はありませんが、ほかの子と喧嘩したり暴力的な態度を示したという
　　　　記録はありません。

渋谷：補助教員のDさんも今後長くは勤められないというので、やはり支え
　　　　手の多い特別支援学級の利用を勧めてみたいと思います。

本郷：毎日の食事とか衛生管理とか、そういう生活面についても放置できない

▶ポイント
重要な知識。それ
では両者はどのよ
うに区別できるの
でしょうか。

家庭状況かと思いますが。

大久保：それにF夫は交際中の女性との関係については、言葉を濁して話した
　　　　がりません。でも、この状況はネグレクトと言っていいのではないでし
　　　　ょうか。

恵比寿：たしかに問題はありますね。F夫が食事を用意しないで、学校で何か
　　　　食べ物を与えるといったことは、実際のところ何回くらいあったんでし
　　　　ょうか。

渋谷：はっきり数えていませんが、少なくとも、月に何度かはありました。ま
　　　　あB男の発言ははっきりしないことも多いので、家庭の食事状況の正確
　　　　なところはわかりませんけれど。

大久保：F夫の話では、自分が朝早いときの朝食は、コンビニのサンドイッチ
　　　　かおにぎりを用意していると言っていました。

大塚：当課でも、何とかもう少し生活実態を調べてみたいと思います。

　　上記の検討により、次の受診時に五反田医師からF夫に特別支援学級の利用
について担任の渋谷教諭に相談するように勧め、それを受けて渋谷教諭と大久
保SSWはF夫やB男に具体的に説明することにした。

　　次の受診時に、五反田医師はF夫に「B男にはAD/HDの傾向があるので、
特別支援（通級指導）の利用を考慮したほうがよい」と伝えたが、父は「そう
ですか」と答えただけで、きちんと理解している様子ではなかった。その翌週、
渋谷教諭と大久保SSWはF夫の都合に合わせてB男宅を家庭訪問し、通級指導
について詳しく説明し、その利点を強調した。何度かの説明のあと、F夫は
「学校からの呼び出しの回数が減るなら」と通級指導の利用を受け入れた。

　　通級指導の開始と並行して、担任と補助教員が工夫を重ねてB男に関わり、
学校全体の応援態勢も定着した結果、B男の問題行動は少しずつ落ち着いてい
った。大久保SSWは、電話や家庭訪問により定期的にF夫との関係を維持し、
F夫にもさまざまの悩みごとがあることを聴き知り、心理士のいる精神科クリ
ニックへの受診につなげた。

レビュー ··

　　本事例は、学校から子ども家庭課につないだ事例です。学校は、「困った子
ども」がいる場合、その子どもへの対応を（親の協力を求めることも含め）教育
的に図ります。しかし、「困った子ども」は、しばしば「困っている子ども」
であることが多いものです。

「困っている子ども」は、家庭のことなど、学校外のことで困っていることが多く、そうした場合に、子ども家庭支援、福祉の枠組みが必要となります。そうした枠組みによる支援があることをふだんから認識し、「要支援児童」に該当するかもしれないということを考慮しながら関係機関に適切につなぐ判断が、学校にも求められるということに留意しておく必要があります。

　また、本事例は学校の担任教師による問題の認知に引きつづき、校内で対応を協議したうえでスクールソーシャルワーカー（SSW）の導入を図ったケースでもあります。現在SSWは1つの学校に常駐するわけではなく、SSW制度もスクールカウンセラー（SC）ほどには周知されていないかもしれません。Q2にあげたように、児童・生徒本人との対話や相談のみならず、児童生徒が置かれた家庭環境にも関心を持ち、学校外とはいえ、保護者に積極的に関わるなどアウトリーチ機能を有するという点では、今後ますます積極的に活用を図りたい心強い支援リソースと言えるでしょう。

　B男は4歳時に祖父からの身体的虐待を受け、一時保護を体験していますが、虐待者から離れることを条件として在宅養護が継続されました。しかし責任を持って養育すると約束したはずの父は、複数の女性との交際や飲み歩くなど自己の欲求を優先した生活の中で、B男は夜間放置されたり、日々の食事すらきちんと用意されていないネグレクト状況が明らかになりつつあります。現在のB男には身体面では目立った障害や発育遅延は認められていませんが、粗暴な行動がこうした家庭環境の影響を受けて生じることにも留意しなくてはなりません。

　このような家庭環境の中で、子どもは解離傾向を高め、感情制御機能が弱化し、あるタイプの子どもではAD/HD様の注意集中力低下、多動傾向や些細なことに怒りが抑えられなくなることがあります。最初に校内で持ったミーティングの席で担任の先生が指摘したB男の意外な相互対話可能性や対人希求性は、真性のAD/HD児の一般的性質と合致するものではありません。

　AD/HD等の発達障害児と被虐待児双方の事例について豊富な治療経験を持つ杉山登志郎は、真性のAD/HDと虐待関連のAD/HD様症状の相違点について次のように述べています。すなわち、虐待関連のAD/HD様症状に「ムラが目立ち、（一日の内でも）非常にハイテンションのときと不機嫌にふさぎ込む状態とが交代することが多い」点、また「対人関係のあり方は、前者〔真性のAD/HD〕では単純で率直であるが、後者〔虐待関連のAD/HD様症状〕では逆説的で複雑である」点、さらに「反抗挑戦性障害や非行への移行という問題は、虐待系の多動児では非常に多いのに対して、一般的なAD/HDでは、反抗

挑戦性障害はときとしてみられるものの、非行への横滑りは比較的まれである」点などです（杉山登志郎『発達障害の子どもたち』講談社現代新書、2007年、159-164頁。〔　〕内筆者）。

　B男が補助教員のCやDに見せた両価的な感情表出や試し行為は、確定はできないものの、身体的虐待の既往と現に続くネグレクト状況から生じた可能性を疑わせるものと言えるでしょう。

　支援者の積極的な働きかけによって、B男の父は児童精神科への通院や通級指導をどうにか受け入れることができました。しかしB男の逸脱行動が治療によって改善していくのか、日々の規則的な食事や保護者の見守り態勢がほんとうに確立しているのかを見極めるためには、長期的視点の下で支援を継続することが不可欠な事例と考えられます。

Case 7

支配的な母の下で、どこまでも母の期待に応えようとする少年

> 今春中学に入学したE男は、優しいけれど不安が強い子だった。学校では頻繁に手を洗いに行く様子が見られ、手の皮膚が擦り切れて出血までしている。担任の渋谷教諭は、母と関わるうちに、E男への母の過大な期待や過干渉的態度に疑問を持った。

概要

母はE男への過大な期待のもと、勉強やピアノの練習を課していたが、すべて息子のためと疑いを持つことはなかった。E男自身も、偏差値の高い高校に行かないと人生が終わっちゃうなどと話すが、理想と現実には大きな差があり、成績は思うように伸びなかった。ピアノを習っていて、合唱コンクールで伴奏者の任を得たが、血のにじむ手ではうまく弾けず、しだいに練習に出られないようになり、クラスメートからも孤立し、ついには登校もできなくなってしまった。

関係機関	主な支援者（登場人物）
中学校	渋谷（担任教諭）
	飯田（学年主任）
	本郷（養護教諭）
	国分（スクールカウンセラー：SC）
	大久保（スクールソーシャルワーカー：SSW）
P病院	五反田（児童精神科担当医師）

§ E男の気になる行動

　E男は、この4月、中学に入学した男子生徒である。E男は、入学後、部活動には参加せず、学校のあと、そのまま塾に通っていた。学校ではおとなしく、中間テストの成績は平均より少しよいくらいで、友達も何人かできていた。

　6月のある日の朝、ホームルームの時間、E男が教室にいないことに担任の渋谷教諭は気づいた。席に鞄はあるので誰かE男を見なかったかと聞くと、さっき流し場で見かけたという声があった。探しに行くと、教室から離れた美術室の前の流し場で、E男は懸命に手を洗っていた。渋谷教諭は「授業始まるぞ。教室に戻れるか」と声をかけると、E男は慌てた様子で「手が汚れてしまって。

今行きます、すみません」と答えた。

　その日の夕刻、職員室に戻ってほかの教諭に、こんなことがあったんですがと話すと、数名の教員が、自分もE男が長時間手洗いしている場面を見かけたことがあると言った。学年主任の飯田教諭が、学年全体でE男の様子を気にかけていきましょうと言い、みなうなずいた。

　1学期終業日となり通知表を受け取ったあと、E男は肩を落とし暗い表情をしていた。下校時間になってものろのろと帰り支度を終えないE男に、渋谷教諭は声をかけた。

渋谷：大丈夫か？

E男：はい…。成績が思ったより悪くて…

渋谷：中学校は小学校と違う仕組みだから、戸惑うこともあったんじゃないか。
　　　E男はふだんから真面目に頑張っているから、もう少し慣れてきたら、
　　　大丈夫、成績だって上がってゆくさ。2学期また頑張ろう。

E男：はい。

渋谷：夏休みは少しのんびりしてみたらいいさ。

E男：でも、塾の夏期講習があって…

渋谷：そうか、まあ勉強は大切だが、あまり根詰めて身体こわさないように気
　　　をつけろよ。

E男：はい。

渋谷：何か困ったことがあったら休み中でも連絡してきなさい。先生は平日は
　　　大体部活で学校に来ているから。

E男：はい。

§　過干渉的で支配的な母

●母からの電話

　その日の夕方、渋谷教諭のところにE男の母M子が電話をかけてきた。挨拶もそこそこに、最初から興奮気味の甲高い声でまくし立てた。

M子：うちの子、どうしてこんな成績なんですか。こんなんじゃ先が思いやら
　　　れます。どうしたらもっといい成績が取れるんでしょうか。夏休みの塾
　　　は英語と数学にしていますが、全教科受けさせたほうがいいでしょうか。

渋谷：ちょっと落ち着いてください。E男君は授業を真面目に聴いていますし、提出物もきっちり出して頑張っています。どんなお子さんでも、中学の生活や定期テストの仕組みに慣れるには時間がかかります。少しゆとりをもって見守っていいように思いますが。

M子：でも、頑張ってこの成績じゃあ、ろくな高校には…。とにかく机に向かわせる時間を増やすしかないんでしょうか。

渋谷：いや、お母さん、夏休みですから、少しはのんびりさせる時間も作ってやってください。

M子：でもこのままじゃ、困るんです。

●担任と母とのやりとり

　渋谷教諭はE男のことが心配になり、部活に登校してきたE男の友人に、E男の様子についてそれとなく尋ねてみた。友人は、E男に何か誘いのLINEしてもすぐに返事が来ない、返信が来ても、塾があるから行けないというばかりなので、誘うのをやめてしまったと言った。そして、あいつはガリ勉なんです。ピアノも習ってるみたいです。と付け加えた。

　夏休み折り返し時点の頃、渋谷教諭は、様子を尋ねるためにE男の家に電話してみた。電話口にはM子が出て、嬉々とした様子で担任の電話に応じた。

M子：E男は塾に行っていて、帰りは遅くなります。成績を挽回(ばんかい)するために頑張ってます。毎日弁当を2食分持って塾に行ってるんです。

渋谷：それは偉いですね。ただ…まだ1年生ですから。

M子：スタートは早く切ったほうがいいですよね。

渋谷：それはそうですが、夏休みに入る前に少し思い詰めている様子も見られましたし、友達も心配しているようだったので電話をしてみました。ときには友達と遊んだり、のんびりできる時間もないと、中3までに息切れしてしまうかもしれませんよ。

M子：そうですね、気をつけないと。でも、うちの子は大丈夫ですから。

●E男との会話

　2学期が始まる数日前、渋谷教諭は再度E男宅に電話を入れた。このときもまずM子が電話に出て、前回と同じような話をした。その日はたまたま塾が休みでE男も家におり、M子はE男に電話を代わった。

渋谷：元気にしてるか。

E男：はい、まあ、なんとか。

渋谷：1日中塾に行っているそうだが、疲れは大丈夫か。

E男：まあ、大丈夫です。

渋谷：学校の課題も結構あったけど、大変じゃないか。

E男：まだ終わってないのもありますが、これからやります。

渋谷：あんまり無理するなよ。

E男：はい。

渋谷：学校で待ってるから。また話そう。

E男：はい。

●E男の欠席と気になる様子

　2学期の始業式の朝、M子から学校に、E男は体調不良で欠席すると連絡が入った。担任は気になって午後にE男宅に電話したが、誰も出なかった。

　翌日、E男は登校してきたが、顔色がひどく悪かった。渋谷教諭が声をかけると、「学校の課題がなかなか終わらなかったんです。でも、だいたい終わらせました」と言った。

　放課後に少し話せるかと聞くと、「今日はピアノの練習がいつもより早く始まるんです。もうすぐ発表会だから、早く帰らないと」と答えた。渋谷教諭はじゃあ、今日じゃなくても、またどこかで話そうと伝えた。

§ 　E男の強迫性障害

●E男の極端な手洗い行動

　その後もE男は教室では目立たなかったが、教室から離れた流し場で長時間手を洗う姿が目撃され、手の皮が剝けて赤くなり、ところどころ出血が見られるほどであった。渋谷教諭が保健室に行くことを勧めても、大丈夫ですと言って、手を隠す。そのうちに長袖を着る季節になり、なるべく袖の中に手を隠そうとする仕草が見られた。

　渋谷教諭は、所属する校内の教育相談部会でE男の様子を定期的に報告した。ある日の部会で、スクールカウンセラー（以下、SC）の国分先生からE男の手洗い癖は病的なものではないかという指摘がなされ、本人と一度面談してみましょうかとの申し出があった。これを受けて、渋谷教諭は、E男に相談室に行

くことを勧めたが、「相談したいことはない。SCの先生に勝手に相談したらお母さんに怒られるかもしれない」と言って、相談を拒否した。

●E男の様子の変化

昼休みには友達と談笑しており、とくに変わりないように見えたが、2学期の中間テストでE男の成績は平均を下回っており、提出された課題にも空欄が目立っていた。また、「おまえ、手洗い好きだな」等と級友にからかわれる様子も見られた。渋谷教諭はそのつど相手の子を注意したり、E男に声をかけたりしていた。

渋谷教諭は、E男の本心をどうしたら聴きだせるだろうかと思案し、できる限り昼休みも教室にいるようにしてE男の様子を見守っていた。あるとき、渋谷教諭は放課後にひとり帰り支度をしているE男を見つけて声をかけた。

渋谷：何か心配なことがあるんじゃないのか。手は痛くないのか。

E男：……

渋谷：先生からお母さんに連絡して、少しE男は疲れているんじゃないかと伝えることもできるよ。

E男：お母さんに連絡をするのはやめてください。お母さんはぼくの将来のために、ぼくをいい高校に行かせたいと思ってるだけなんです…。偏差値の高い高校に行かないと人生が終わっちゃう。ぼくは誰よりも勉強ができるようにならなくちゃいけないんです。

渋谷：たしかに勉強は大事だけどな、人生、それだけじゃないと思うよ…

E男は、「わかってます、さよなら」と逃げるように、そそくさとノートや筆箱をひとつかみに鞄に押し込めて、小走りに教室から出ていった。

しばらくしてE男が通うピアノ教室の発表会があった。練習の甲斐あってか、E男の演奏は上手かったと同じ教室に通う女子が話しているのが担任の耳に入った。E男の元気な笑顔も見られ、渋谷教諭は少しほっとした。

しかし、期末テストが近づくにつれ、E男の表情は再び翳を濃くしていった。頻繁な手洗いも続いていて、ワイシャツの袖口には血がにじんでいる。渋谷教諭がE男に、「その手じゃあ、これから寒くなるとつらいんじゃないか」と聞くと、Eは「皮膚科に行って軟膏をもらったんですけど、皮膚科のお医者さんからは精神科に行ったほうがいいと言われた」と打ち明けた。「お母さんは何て言ってるの」と聞くと、「皮膚科のお医者さんに、"どういう意味ですか？"

って怒っちゃって」と困惑した表情で答えた。

●学校における対応の協議とSSWの派遣

渋谷教諭はこのまま放置はできないと感じ始めていた。ある放課後、渋谷教諭は学年主任の飯田教諭、養護の本郷教諭、国分SCに呼びかけて、E男への対応について議論した。渋谷教諭は最近のE男の様子と、皮膚科で精神科受診を勧められた際に、M子がその医師に反発したらしいというエピソードを説明した。

国分：やっぱり不潔恐怖や手洗い強迫症状ではないかと皮膚科の先生も気づいたんじゃないでしょうか。何かほかに変わった行動のようなものはあるんですか。

渋谷：異常と言えるのかどうかよく判らないんですけど、何かE男やM子にとって好ましくない状況になると、E男の動きは鈍くなって、帰り支度の際も机の中や鞄の中を何度も確認しているみたいなんです。

本郷：皮膚がすり切れて血が出るほどの手洗いというのは、ふつうじゃないです。やっぱり受診させたほうがいいですよね。M子は精神科受診に抵抗があるんですね。

渋谷：そのようです。

飯田：渋谷先生、M子を説得してくださいよ。

本郷：…簡単に説得できないから、渋谷先生もご苦労なさってるんだと思いますが。

国分：やっぱりお母さんの不安をしっかり聴いて、その不安を軽くするところからかしらね。

飯田：たしか大久保さんというスクールソーシャルワーカー（以下、SSW）に以前相談に乗ってもらったことがある。教育委員会に派遣依頼してみましょうか。

渋谷：ぜひお願いします。

翌日大久保SSWが来校し、渋谷教諭たちにこれまでの経緯を詳しく聴き、E男の問題に取り組むにはM子の過剰な期待／要求を緩和し、E男が少しでも本音で自分の考えを表明できるような親子関係に導く必要があるという意見で一致した。大久保SSWは今後定期的に学校を訪れ、経過を共有するとともに、E男やM子と直接会って話すことができる糸口を探すことになった。

Q1 強迫性障害／強迫神経症とはどのような病ですか？

　強迫性障害／強迫神経症とは、強迫観念と強迫行動を主徴とする病です。

　強迫観念とは、通常ありえない事柄や状況が生じるのではないかという考えが頭を離れず、不安や恐怖感に囚われ、自らそうした考えは不合理であり、実際に起こるはずがないとわかっていても、その考えやイメージが反復的に生じるものです。例えば、どんなに慎重に運転していても誰かを轢いてしまうのではないかという考え（加害恐怖）がわいてきたり、ドアの取っ手を触ると何か病原体に感染して大変なことになってしまうような気がして（不潔恐怖）手袋を外せないなどがよく見られます。

　また強迫観念を打ち消したり不安・恐怖感を解消するために、一見無意味と思われるようなことを何度も繰り返す行動（強迫行動または儀式的行動）も見られます。具体的には、何度も確認したにもかかわらず、家の鍵をかけたかどうか自信が持てずに不安にかられて繰り返し家に戻って確認したり、汚物を触ったわけでもないのに、何時間も手を洗い続けたり、右足から前に出して歩き始めないと何か不吉なことが起こる気がして、歩き始める際にぎこちない動作が見られることなどです。

　さまざまな生活上のことに、ふとした不安感が生じて何度か確認してしまうといった行動は誰でも経験するものですが、通常はそのために本来なすべき行動ができなくなってしまうほどではありません。一方、強迫性障害では、強迫観念や強迫行為が執拗に反復・持続し、日常生活に大きな支障をきたすような状態に陥っています。

　強迫性障害は10〜20歳代など若い世代に発症することが多く、生涯有病率は推計0.5〜2％とされ、決してめずらしいとは言えない病です。またうつ病や統合失調症など別の精神病性障害や、自閉症など発達障害の部分症状として強迫症状が現れることもあります。

　強迫性障害の遺伝性については確定的なことはわかっていませんが、強迫性障害の患者さんの家族に、強迫性格傾向や重篤とは言えない程度の強迫症状を持つ人が見られる率が高いという多くの知見があります。本事例の母の成績への固執やわが子への支配的態度はそうした観点からも対応を考慮する必要があるかもしれません。

　いずれにしても、Ｅ男のようにある程度の強さの強迫症状が見られた際には、早期の精神科受診を勧める必要があります。しかしＥ男の母の態度のように、精神科受診への抵抗感は現在も根強く残っていますから、さまざまの治療法が開発されていて「治る病」であることを併せて伝えることが大切です。

§ 合唱コンクールの準備の中で燃え尽きていったE男

●母親からの電話と相談

　上記ミーティングの直後、M子から渋谷教諭に電話が入った。「E男はもっと学校で活躍できるはずなんです。もっと様子が知りたい、これから毎日先生に電話をしてもよいですか」などと一方的に話してきた。渋谷教諭は、E男が学校で頑張っている様子を伝え、電話相談については、「なるべくお母さんのお話はお伺いします。しかし、部活指導等もあるので、電話に出られないこともありますが、そのときは翌日にお願いします」と伝えた。

　翌日からM子は毎日のように渋谷教諭に電話してくるようになった。部活が終わる18時頃から、長い時には1時間以上、電話が続くようになった。学年の他の教員は担任の負担軽減のため、なるべく交代で電話に出るようにしたり、電話で話せる時間には限りがあるとM子に理解してもらうように接した。M子の話の内容は、学校でE男がどんな様子か聞くというよりも、わが子への一方的な期待が中心であった。

　2学期の期末テストが終わり、E男の成績は少し上向いていた。渋谷教諭がよく頑張ったなと声をかけるとE男は嬉しそうな表情を見せた。

●合唱コンクールにおけるピアノ伴奏

　期末テストが終わると、3学期に予定されているクラス対抗合唱コンクールの準備が始まった。E男はピアノ伴奏者に立候補し、自由曲の伴奏担当になった。E男の伴奏が決まった翌日、M子からの電話は、「うちの子が伴奏するなら、クラスは絶対金賞ですね、E男を伴奏者に選んでくださってありがとうございます。これも私の夢だったんです」と、いつもより興奮気味であった。

　3学期に入って、合唱練習が本格化した。クラス全員の投票で決まった自由曲はピアノ伴奏するには難度の高い曲だったので、E男のピアノは合唱となかなかかみ合わなかった。E男は音楽の先生に自ら個別練習を依頼していたが、緊張しているうえ、過度な手洗いでガサガサに荒れた手指ではうまく演奏できず、練習中にE男が涙を見せることもあった。見かねた渋谷教諭がE男に無理しなくていいんだぞと声をかけても、絶対弾けるようになりますと答えるばかりだった。M子からE男にはちゃんと練習させていますという連絡が入ることもあった。

　合唱コンクールが近づいても、E男の伴奏は相変わらず途中でつまずいてし

まうことが多く、クラスには次第に不満の声が多く聞かれるようになった。生徒だけの練習が予定されていた日にも、渋谷教諭はなるべく様子を見に行くようにした。

●E男の不登校

　そのうちにE男は学校を休んだり、体調不良を訴えて合唱練習の前に早退してしまうことが重なった。ある日、連絡なく登校しないので、渋谷教諭はE男の家に連絡した。電話に出たM子は、びっくりした様子で「いつもの時間に家を出ました」と言った。M子と数人の教員が自宅と学校の間を探していると、1時間ほどしてE男はひょっこりと学校に姿を現した。どうしたのかと問うと、「途中でお腹が痛くなって、コンビニでトイレを借りてました」と遅刻の理由を説明した。

　とうとうクラスでは、「E男がちゃんと伴奏できないなら、伴奏者を替えてほしい」という声があがるようになった。渋谷教諭は、何とか皆で支えていくようにと説得調に伝えたが、E男はクラスの中で次第に孤立していった。

　合唱コンクールの1週間前、E男はついに学校に来ることができなくなった。M子が電話してきたが、おろおろして嘆くような怒っているような口調で、Eが部屋から出てこない、食事も食べなくなってしまったと渋谷教諭に訴えた。渋谷教諭は大久保SSWに連絡し、2人で家庭訪問することになった。

●自室にひきこもるE男

　自宅ではM子が玄関前で待ち受けており、2人の姿を見ると駆け寄ってきて「いったい学校で何があったんですか！」ときつい表情で言った。

M子：昨日の朝から2階の部屋に閉じこもったきり、食事も摂らないし、風呂にも入らないんです。ドアの外から話しかけても、「1人にしておいて」と言うだけで取りつく島がないんです。E男は誰かにいじめられているんでしょうか！

渋谷：お母さん、落ち着いてください。E男君にも悩み事があるんじゃないでしょうか。いじめがあるかどうかも、まずE男君が口を開いてくれないと、調べるに調べられませんし。

M子：わかりました。あら、こんな道端で失礼しました。散らかってますけど、こちらにどうぞ。

1階の居間に通されたのち、渋谷教諭は大久保SSWを紹介した。そしてまず、E男が学校では勉強にもピアノ伴奏の練習にも精一杯取り組んでいたということをM子に伝えた。

M子：そうなんです。E男はやればできる子なんです。それなのにどうして…

渋谷：ただ、どういうわけかしょっちゅう手を洗っているんです。冬でも冷たい水を流しっぱなしで、止めなければチャイムが鳴るまで30分も流しのところから動かないで。そのためか、手はがさがさで、血がにじんでいることも…

M子：知っています！　ちゃんと皮膚科の薬と保湿剤を何回もつけさせています。

渋谷：皮膚科の先生に精神科受診させたほうがいいって言われたとか…

M子：あの子が言ったんですか？　先生はあの子が精神病だっていうんですか！

渋谷：そういうわけではないですが…

大久保：お母さん、E男君も頑張っていますが、お家でもE男君が勉強やピアノ練習しやすいように、とても工夫なさってるんですね。このピアノはヘッドフォンを使えば夜でも練習できるものですね。

M子：まあ、塾から帰って練習なので、どうしても9時、10時になってしまいますから。

大久保：そうすると寝るのは…

M子：最近は1時過ぎくらいになってしまいます。コンクールが終わればもう少し早く床につけさせられると思います。もうひと頑張りなんです。

大久保：お母さんもずっと付き添っていて、大変ですね。

M子：E男のためですから。あの子も文句ひとつ言いませんし。

大久保：これだけ頑張ったり支えたりしているのですから、E男君の手洗いなどが軽くなって、思うように指が使えたら、きっともっとうまく弾けるようになるでしょうね。私、以前E男君のように几帳面でちょっときれい好き過ぎるくらいの生徒さんの相談に乗ったことがあります。そのときは、子どものこころとからだ双方を診てくれる病院に行ってみたら、いろいろよい助言をくれたとご家族は言っていました［▶ポイント］。

▶ポイント
精神科受診を受け入れてもらうための説明の工夫。

M子：精神科なんて行ったら、薬漬けにされてしまうんじゃないですか？

大久保：その生徒さんのときには、私も何回か受診に同行させてもらいましたが、本人やご家族が納得しないような薬は処方されなかったように記憶

しています。

M子：皮膚科で言われて、私も少しは調べました。強迫性障害とか…。でもあ
　　　の子はたんに頑張ってるだけだと思うんです。

渋谷：お母さんはE男君の力を信じているんですね。ぼくも同じです。でも、
　　　例えば時計なら、歯車がかみ合わなくなったときは、いろいろ、部品を
　　　点検してみることが必要なように、人も疲れが出れば、どこか故障した
　　　ところはないか調べてみることが大事ではないでしょうか。

M子：でも、あの子が嫌がったら…。第一、部屋から出てきませんし。先生た
　　　ちが部屋からあの子を連れ出してくれるんですか。

大久保：私たちが今押しかけて部屋のドアを無理やり開けさせるのも、E男君
　　　を驚かせてしまうでしょう。今日は渋谷先生と連名でお手紙を書いて置
　　　いていきます。明日でも明後日でも、手渡していただけますか。私の電
　　　話番号も書いておきます。

M子：今は…。無理にドアを開けないほうがいいんですね。

渋谷：そうですね。きっと出てきてくれると思います。明日も食事をまったく
　　　とらないようでしたら、学校に連絡してください。そういえば、お父さ
　　　んは何時頃お帰りですか。

M子：あの子の父親は半分単身赴任のようなもので、週末しか帰らないんです。
　　　まあ、帰ったからと言って、E男にはほとんど関わろうとしないんです
　　　けどね。

　　翌日M子から電話があった。「まだ部屋に閉じこもっているが、深夜に階下
に降りてきて、テーブルに置いてあったおにぎりを食べたようだ。同じ場所に
置いてあったE男宛の手紙も持っていったから読んでいるかもしれない」とM
子は現況を説明した。

●家族関係の作り直しと児童精神科受診の調整

　　それから2週間ほど、E男は自宅に閉じこもっていたが、その間M子は大久
保SSWの誘いに応じて、何回か学校に出向いて渋谷教諭や大久保SSWと面接
を重ねることができた。E男への手紙も読んでいるようだとM子は述べた。

　　大久保SSWとM子の何度目かの面接で、M子は新たなエピソードを述べた。

大久保：E男君はその後いかがでしょうか。

M子：…まだ部屋から出てきません。

大久保：身体も心配ですね。

M子：はあ、でもテーブルの上に用意した食事は夜中に手をつけているようなんです。

大久保：そうですか。

M子：あの、実は…昨日の夜、主人が1日早く帰ってきたんです。E男はまだ部屋から出てこないのかと聞いて、しばらく腕組みして何か考え込んだかと思うと、不意に顔をあげて2階のE男の部屋に行こうとしたんです。私びっくりして「お父さん、何するの？」って止めようとしたんですけど、振り向きもしないでドアの前に立って、「E男、父さんだ。部屋入るぞ」と言って部屋に入ってしまったんです。

大久保：鍵はかかってなかったんですね。

M子：そうです。主人が部屋に入ってドアを閉めてしまったので、私は部屋の外で息を殺してドアに耳をつけて中の様子をうかがっていました。10分くらい何の物音もしなくて、それから何かほそほそ言い合う低い声がして、また沈黙があって…それから急にドスンと大きな音がしたんです。私びっくりして、ドアを開けて中に入ると、E男と主人がきょとんとした眼で私のほうを同時に見たんです。「E男、大丈夫？」と叫ぶように聞きましたが、E男は何も言わず、主人のほうは「これから、週1回はちゃんと会って話をしよう、父さんも必ず時間作るからって言っただけだよ」と言いました。
私がさっきの音は何だったのと聞くと、E男は黙ったまま、部屋の隅に転がったサッカーボールを顎で指し示しました。夫が本棚の上に置いてあったそのボールを手に取って、昔これで遊んだなと言ってそれをE男に軽く投げ渡そうとしたら、ベッドに座っていたE男は、それを足で蹴って壁にぶつかった音だということでした。

大久保：それじゃあお父さんとは、なんとなくコミュニケーションがとれたんですね。

M子：どうでしょうか。わかりません。でも…。今朝、食事を載せたお盆にこんな渋谷先生宛の封筒が置かれていました。

　　母を送り出した後、大久保SSWは母から渡された手紙を急いで渋谷教諭のところに持っていき、2人で読んだ。封筒の中には、ノートの1ページを切り取って書かれた渋谷教諭宛の短いメッセージが入っていた。そこには、サインペンの太い字で「学校はいや、病院もいや、クラスのみんなに申し訳ない、先

生ごめんなさい」と書かれていた。

　大久保SSWと渋谷教諭は、E男がわずかながら自分の意思を表明し始めた手応えのようなものを感じ、再度E男宛に手紙を書いた。2人はまた、E男の父の関わりが事態を好転させる方向に作用することを期待した。

　合唱コンクールが終わり、M子はがっかりしたものの、心の区切りができたようで、児童精神科への受診を受け入れた。しかし、E男自身は、その後も両親や渋谷教諭たちからの手紙による受診の勧めに応じなかった。

　4月になり、不登校は続いていたが、渋谷教諭が、E男に進級したことを伝える手紙を書いた。数日後に届いた返事の手紙の中で、不安を表明しながらも、それ以上、受診を拒むことはなかった。大久保SSWは、同伴受診を申し出、M子はこれを受け入れた［▶ポイント］。

▶ポイント
医療情報の入手（医療機関との連携強化）はどのようなタイミングで実施したらよいでしょうか。

§ 児童精神科への入院と両親の変化

　初診の日、大久保SSWと渋谷教諭は病院のホールでE男たちと待ち合わせた。3か月ぶりに会ったE男は非常に痩せていて、どんなふうに言葉をかけてよいかわからないほど様子が違って見えた。体重は30キロを切っており、不整脈も見られたことから、診察後その日のうちに緊急入院となった。

●児童精神科医によるE男の診断と家族の決意

　入院時の診断は、強迫性障害と摂食障害ということだった。主治医の五反田医師は、その診断や今後の治療方針を説明する際に、E男の父（F夫）も同席してくれるようにM子に求めた。M子は不服そうだったが、主治医の要請に応じて数日後、両親は病棟に来て主治医の話を聴いた。大久保SSWはその経緯をM子から聞いたとき、主治医の話を一緒に聴きたいと申し出、同席を許されていた。

　主治医は両親が揃って来院してくれたことに謝意を表し、家族の心労をねぎらいながら、E男の回復には家族の理解と協力が不可欠だと話した。

五反田：やせ方がひどいので、すぐに実施できる身体の検査は一通り行いましたが、とくに異常はありませんでしたので、ひと安心です。強迫性障害という診断ですが、何か食べると吐いてしまわなければ落ち着かないと言っており、摂食の問題もあるようです。心理検査等はこれから実施

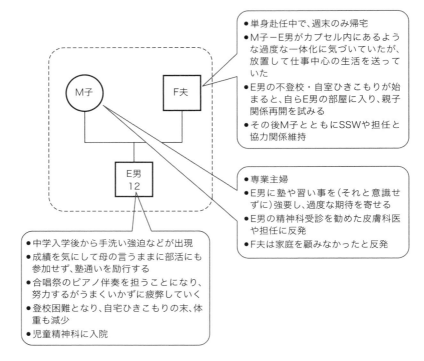

●単身赴任中で、週末のみ帰宅
●M子－E男がカプセル内にあるような過度な一体化に気づいていたが、放置して仕事中心の生活を送っていた
●E男の不登校・自室ひきこもりが始まると、自らE男の部屋に入り、親子関係再開を試みる
●その後M子とともにSSWや担任と協力関係維持

●専業主婦
●E男に塾や習い事を（それと意識せずに）強要し、過度な期待を寄せる
●E男の精神科受診を勧めた皮膚科医や担任に反発
●F夫は家庭を顧みなかったと反発

●中学入学後から手洗い強迫などが出現
●成績を気にして母の言うままに部活にも参加せず、塾通いを励行する
●合唱祭のピアノ伴奏を担うことになり、努力するがうまくいかずに疲弊していく
●登校困難となり、自宅ひきこもりの末、体重も減少
●児童精神科に入院

家族状況（入院時）

しますが、几帳面で完全主義的な性格傾向は症状と関連しているかもしれません。

　このたびのことでご両親はもちろんご心痛でしょうが、E男君のほうでも、ご両親や学校の先生に心配かけた、クラスのみんなにも迷惑かけたと、ひどく自分を責めています。E男君が元気になるためには、彼が過度に周囲に気を遣うことなく、ある程度は自己主張できるようになることが必要でしょう。

M子：あの子は自分の考えを言ってないんですか。でも、塾もピアノ伴奏も、自分で行きたい、やりたいって言ったんですよ。

五反田：そうですか。子どもでも、あるタイプの人は、そうと意識しないまま周囲の期待を察知して、それに沿うように頑張ってしまうということがあります。E男君の場合も、ことによると優しすぎて、自分の望みより周囲を喜ばせてあげたいという気持ちが強くなっているのかもしれません。

M子：私たちが押し付けているってことですか。

F夫：（M子に向いて）　先生はそんなふうには言ってないだろ。親が子どもに期待するっていうのは当たり前だけど、おれたちは、E男が期待に添っ

て頑張ってくれるのをいいことに、E男がこころの底でどんなふうに感
じているのか、あまり考えてみなかったじゃないか。

M子：何よ、あなたは仕事ばかりで、E男に直に接してくれなかったじゃない！

F夫：たしかにお前に押し付けていたようで悪かった。

　　　（主治医に向き直って）E男がこういう状態に陥ったからには、これから
私も定期的に病院に来て、五反田先生や学校の先生の話をよく聴いてい
きたいと思います。

●退院―復学に向けたSSWと担任教諭の調整

　大久保SSWは、先のエピソードから、父がE男に関わっていくとはっきり
表明したことは意外ではなかったが、再度心強い思いがした。五反田医師との
面接が終わり、病院からの帰り路、大久保SSWは両親に、入院中定期的にE
男君に面会に来たい、時間が合えばご両親どちらかとでもお話しできれば復学
に向けた相談もしやすいと思うと伝え［▶ポイント］、両親の合意を得た。

　入院は半年を超える期間となったが、大久保SSWは定期的に面会を重ね、
退院の2か月ほど前からは、渋谷教諭も一緒に面会に出向いてE男の話に耳を
傾けた。同時に月に1回程度主治医が家族面接を行うときには、可能な限り同
席して、復学後の学校の支援体制を考える材料とした。

　大久保SSWは一方で、M子とも定期面接を行い、M子自身の不安や母とし
ての自信喪失感、F夫への不満などの聴き役となった。大久保SSWは、病院と
学校が同じ方針でE男やその家族と接することができるよう、家族面接の前後
に主治医と意見交換してE男や両親の心情の共通理解に努めた。

　こうした取り組みの末、M子は、E男の将来のためとはいえ無理をさせてい
た部分があると少しずつ認められるようになった。F夫はM子とE男が同じカ
プセルの中にいるように思われ、これまで手の出しようがなく、M子に任せ
きりにして家庭から逃げてきたことを認めた。今回のことをきっかけにして、
E男と向き合う時間を作り、M子の話もしっかり受け止めていきたいと述べた。

　そして、退院後は何をするにしてもまず、E男自身の考えを確かめるように
したいというM子の発言、休みの日にはE男と一緒に何かすることを探すと
いうF夫の発言を以て、退院日程が決定された。

▶ポイント
本人、家族との関
係維持の工夫には
何があるでしょう。

Q2 支配的、過干渉的な親の態度は心理的虐待と言えますか？

　子どもの虐待は、身体的／心理的／性的／ネグレクトの4種に分類されて以来、この区分に従って、それぞれの特徴や発生要因について学際的な調査研究が継続され、評価・対応（治療）方法が開発されてきました。このうち心理的虐待、とくに身体的変化を来さない純型心理的虐待（図）は、定義づけの困難性とその影響の客観的評価の困難性に由来して、保健福祉領域の支援者や司法が介入するケースが少なかったと言えます。

　学術上の定義はなされていないものの、教育虐待とは、「しつけや教育を理由として、子どもの年齢にふさわしい発達課題を無視して子どもに過大な到達目標を与え、自宅での勉強、塾や習い事通いその他の方法で、子どもの自由な時間や友達との交流を極端に制限して、子どもに反論の余地を与えないような親の振る舞い」として理解されます。

　本例とは異なりますが、弟や妹の世話など本来親の果たすべき役割を子どもに代行させて就学機会を奪うことも教育虐待の一型として教育ネグレクトと呼ばれます。

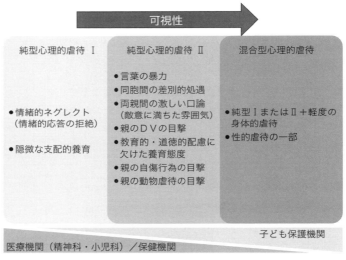

心理的虐待

出典：第15回 JaSPCAN シンポジウム9

　2018年、医者（後に助産師）になることを強いられて9年間の浪人生活を送った娘が母を殺害するという凄惨な事件が起こりました。捜査の過程で、娘に対する母の異様な支配的・干渉的態度が娘の子ども時代から長期間続いていたことが明らかとなり、2審（高裁）判決では1審判決の懲役15年から同10年に減刑され、検察側もこれを受け入れたという異例の展開となりました。

　この事件ほど顕著でしかも裏づけ可能な情報が得られたケースは稀ですが、親が「子どものため」という名目を掲げ、子どものほうもそれを一見受け入れているような表明をする親子はめずらしくありません。本事例の母もおそらくは、E男の将来に役立つということに一点の疑念も抱かないまま一連の支配的行動を続け、E男の方も可能な限り母の欲望につき従った果てに、強迫性障害を発症させたように見えます。

児童虐待防止法において心理的虐待とは、「児童に対する著しい暴言又は著しく拒絶的な対応、児童が同居する家庭における配偶者に対する暴力（配偶者〈婚姻の届出をしていないが、事実上婚姻関係と同様の事情にある者を含む〉の身体に対する不法な攻撃であって生命又は身体に危害を及ぼすもの及びこれに準ずる心身に有害な影響を及ぼす言動をいう）、その他の児童に著しい心理的外傷を与える言動を行うこと（第二条の四）」と記述されています。

　繰り返しになりますが、この条文に言う「心理的外傷」とは、身体的外傷のように表から見えないだけでなく、しばしば複雑かつ潜在的な影響を生じさせるものです。ずっと後になって親密性や感情制御をめぐる問題として浮上することがめずらしくなく、進行中の段階でその有害性を評価することは困難です。

　子どもの側に現れた変化と親の態度や発言との因果関係の証明もまた、難しい問題です。何より教育に名を借りた束縛や行動の干渉は、多少過大であっても社会的に価値あるものと容認されやすいうえに、勉強を嫌がる子どももめずらしくはないのですから、心理的虐待の中でも教育虐待はとくに可視化されにくいと言えます。それでも、この存在に気づいた支援者は、目をつぶることなく、仲間たちとともに多側面からアセスメントを加え、児童精神科の協力も得るなど、何らかの打開策を検討していく必要があります。

レビュー

　本事例では、学校からの要請を受けたスクールソーシャルワーカー（SSW）が親と積極的に関わり、母の苦衷に共感的姿勢を維持しつつ、家庭不在だった父を関与の場に呼び込むことに成功しました。本例におけるSSWの役割を、保健師、教育相談所や子ども家庭課の相談員が担うことがあってもよいでしょう。

　本例の母が訴えたように、父が仕事を口実にして家庭問題から逃避していたり、父自身に対人関係上の問題を抱えていたりすることが子どもとの関わりを希薄にしている事例は少なくないでしょう。しかし父母の個人的資質や個々の行動以上に、夫婦関係の質が子どもの健康に影響することにも留意が必要です。

　本例のように、比較的短期間の介入で父が支援者の前に登場し、相応の役割を担ってくれるような家庭は決して多いとは言えないでしょう。しかし父が本気で家族問題に向き合う意思を示した際には、家族の変化のスピードがぐっと上がりやすくなります。もちろん、長期にわたって形成されてきた母子関係ユニットをすぐに解除しようとすると副作用も生じやすいものです。母の罪責感や孤立感を十分支えることが重要であり、本例のように精神科医療につなげること、あるいは支援ネットワークや事例検討に心理臨床家を参加させることが

できれば、さらに安全な夫婦関係及び家族構造の再構築が期待できると考えられます。

　教育虐待と心理的虐待については、**Case 8**も参照してください。

Case 8

長期間のひきこもりの中で、本人と会えないまま計画した支援

教育熱心な家庭で育ったA子が、小5のとき学校で失神したことをきっかけとして、不登校となり、その後、長期間自宅にひきこもるようになった。中学に入ってから1日も登校していない。

概要

A子は、教育熱心な母親の下、幼少期には幼稚園塾に通い、小学校入学後も、水泳教室、英語塾など、いくつもの習い事に通っていた。A子の成績が少しでも下がると、母はA子を強く叱責した。学校でのA子は、おとなしくしっかり者と見られ、先生からの信頼も厚かった。小5のとき再び学校で失神して以来、A子は不登校になり、家にひきこもるようになった。ひきこもりは長期化し、次第に母への反抗的態度がみられるようになった。母はうつ状態を呈し、父だけがかろうじて担任教師と連絡を保っていた。学校は、中2を過ぎてもA子と会うことができないまま、市のひきこもり相談センターに相談することになった。

関係機関	主な支援者（登場人物）
小学校	水道橋（小4〜6年時担任教諭）
中学校	渋谷（担任教諭）
	大久保（スクールソーシャルワーカー：SSW）
	高崎（学年教育相談担当教諭）
市（ひきこもり相談センター）	浦和（相談員）
保健所（精神保健担当部署）	秋葉（保健師）
	五反田（嘱託精神科医師）
P病院	上野（児童精神科医師）

§ 学校からひきこもり相談センターへ

　不登校のまま中学校に入学することになったA子について、中学校は、教育相談部会の対象生徒と位置づけて、家庭と連絡を取りつつ静観してきた。学校との連絡は、中学校1年生の終わり頃から父が担うようになっていたが、学年が変わり、父のほうから担任教諭に相談が持ち込まれることが多くなった。

　担任は、教育相談部会における検討を踏まえて、そのつど、スクールソーシャルワーカー（以下、SSW）の家庭訪問を提案したり、電話やメール相談も

145

可能な教育相談所を利用することなどを提案したが、父曰く、母はいずれの提案も受け入れず、校外への相談は実現していない。こうした中、父が学校を訪れ、その窮状を相談したため、教育相談部会では、A子についてケース会議*¹を開いて検討することとした。

●参加者（場所：中学校会議室）

渋谷	担任教諭
大久保	SSW
秋葉	保健所精神保健担当保健師
高崎	学年教育相談担当教諭

渋谷：部会でもお話ししましたが、A子は、母や父が話しかけても一切口を利かず、母をにらみつけることもあるということです。お父さんのお話ですと、こうした状況の中、お母さんは次第にうつ状態に陥り、家事もままならないとのことです。

　　　お父さんは大きな会社のシステムエンジニアで、在宅勤務の日数を自分で調整できる立場らしく、お母さんが体調を崩してからはほとんどの家事を引き受けているようです。これまであまり家のことに関わらなかった負い目もあると言っています。かなり追い詰められた様子でした。

高崎：小学校からの申し送りがあったと思います。確認しておきましょうか。

渋谷：はい。A子は不登校が続いたまま卒業を迎えてしまったが、原因はわからなかったということです。5年生の頃学校で二度倒れたことがあり、そのつど病院に連れて行ったが、とくに異常はなかったと言います。それ以前のA子は、成績はよくしっかりもので、学級の仕事も真面目にこなす子どもだったということです。小学校としては、不登校後、担任の家庭訪問を提案したようですが、それを拒む母の頑（かたく）なな態度が気になっていたと聞いています。

大久保：ご両親の年齢はおいくつですか。それからお父さんはどんな方ですか。

＊1　学校の組織について：中学校の多くは、生徒指導に対応するために、生徒指導部会、教育相談部会を置くなどしています。生徒指導部会では、生徒の問題行動に関わる事柄を扱い、教育相談部会では、不登校、特別支援に関わる事柄を扱っているところが多いようです。たいていの場合、学校の1時限を使った会議であるため、十分な検討がなされないというのが現状です。本事例では、ケース会議を想定しました。特に対応が必要な生徒がいる場合に、こうしたケース会議は不可欠です。なお、いじめの問題は、いじめ防止対策推進法で法定された学校いじめ防止対策組織が扱うことになっていますが、多忙な学校業務の中、実際には生徒指導部会で対応されることが多く、課題の残るところです。

渋谷：え…と、お父さんは48歳、お母さんは52歳、A子は一人っ子です。お父さんは、口数は多くありませんが、生真面目な方です。お父さんの話ですと、A子と母の間には確執があり、小さい頃からずいぶんとたくさんの習い事をさせていたことが原因ではないかとのことでした。お父さんからみると、母の教育熱心さは度を越しており、小学生時代、A子に塾や習い事を押し付けるような母の態度に父が異論を述べたら、母から「じゃあ、あなたがA子の面倒を全部見てください！」などと激しい口調で反論されたので何も言えなくなってしまった、と言っていました。父は少し気弱といえばそうなのかもしれません。

大久保：A子さんは14歳ですから、父34歳、母38歳の時の少し遅い一人っ子ですね。まあ、やり方はともかく、とても大事に思われてきたんでしょうね。渋谷先生のお話ですと、お父さんはA子さんに対するお母さんの態度に問題があると感じていらっしゃるのですね。私がA子さんと直接話せたらもちろんいいんですが。

渋谷：そうですね。入学後、中学校に登校したことはほとんどないので、私もA子とはコミュニケーションがとれていません。ひきこもりが始まってもう4年目です。中学を卒業してしまうとさらに関わりが難しくなります。

大久保：市のひきこもり相談センターなら、少なくとも20歳前までなら継続して関わってくれると思います。以前協力してくれた相談員がいますので、頼んでみましょうか。

高崎：そうだね。連絡して協力してもらえるかどうか聞いてみてください。

●中学校での父との面談

　その翌週、市のひきこもり相談センターの浦和相談員が来校して、ケース会議が開かれた。中学校からは、小学校以来の不登校の経緯や中学入学後の父との面接内容の説明がなされ、検討の結果、渋谷教諭、大久保SSWと浦和相談員と父との四者面談が行われることとなった。

●四者面談参加者（場所：中学校会議室）

渋谷	担任教諭
大久保	SSW
浦和	市のひきこもり相談センター相談員
父	

渋谷：（浦和相談員を紹介した後）A子さんの最近の様子はいかがですか。

父　：まあ、変わらないですね。相変わらずほとんど二階の自室にこもっています。私たちが寝静まった頃、下に降りてきて何かごそごそしていることもあるようです。

　　　この前の日曜日、昼過ぎにめずらしく居間に降りてきましたが、イヤホンをしてタブレットをいじっているだけで、話しかけても反応はなく、聞こえているのかどうか。

浦和：食事は…

父　：一緒に食べることはありません。A子の分も作って冷蔵庫に入れておきますが、朝見ると手をつけていることは3日に一回くらいでしょうか。

渋谷：それでは痩せちゃったりしているのでは。

父　：ああ、それはあまりありません。大体毎日、私にLINEが来ます。「タピオカミルクティー、シャキシャキ野菜サンド、角のコンビニの」みたいに、ほしいものを用件だけ箇条書きして。望みどおり買ってきて冷蔵庫に入れておくと、翌朝にはなくなっています。返信メールが来たことはありませんが。

浦和：お母さんのご様子はいかがでしょう。

父　：妻のほうはすっかり生気が失せたようで。痩せたといえば妻のほうです。今までA子の教育や将来のことばかりに熱中していたので、A子がこんなふうになってしまい、どうしてよいかわからないんだと思います。これまでA子にきつく言っていろんなことをさせてきたのが、いきなり従わなくなってしまって、糸の切れた凧のようにふらふらして、A子とすれ違うときなんて、妻のほうが怯えた態度です。妻もやりすぎたのかもしれませんが、A子のためと思ってのことなんです。

浦和：それはご心配ですね…。お母さんのほうに心療内科とか、精神科に受診していただいたらいかがでしょうか。たしか以前カウンセリングにお通いになっていたとお聞きしていますが。

父　：はい。2年ほど通っていたと思います。妻は私の言うことには耳を貸そうともしませんが、その先生の言うことだけはどういうわけか信じて疑わないんです。私は直接会ったことはないんですが、「スピリチュアル・ヒーリング・オフィス」というクリニックだか、相談所だか開いていて、本も何冊か書いているみたいです。年に何回か講演会があり、欠かさず参加していました。最初はちょっと熱に浮かされたようになっていて。でも、A子が何も変わらないので、最近は足が遠のいています。

ただ、そこで「刺激してはいけない。本人の言うことを受け入れなさい」と助言されたことを重く受けとめているようです。

精神科受診についても勧めてみたことはあります。でもあいつは、私は病気じゃない、A子のほうを何とかしないといけない、などと言うばかりで、病院には行きたがりません。妻は、自分が話しかけたりするとA子は叫んだり、物を投げたりするので、怖くて話しかけられないと漏らすこともあります。

浦和：今日はいろいろと聞かせていただいたので、現在の状況は概ね把握できました。学校と連携しながら、ひきこもり相談センターとしても支援策を考えていきたいと思います。差し支えなければ、学校をお借りして、定期的にこういう話し合いができればと思いますが、いかがですか。

父　：わかりました。ぜひ、よろしくお願い致します。

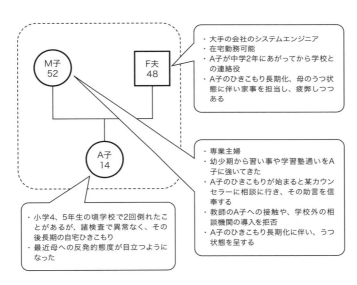

四者面談後判明した家族状況

Q1 長期の不登校やひきこもりの児童生徒を見つけたときは、まずどのように動けばよいのでしょうか？

「ひきこもり」とは病名や診断名ではなく、「不登校」や「DV」などと同様、1つの状態像を示す言葉です。学校や職場に行かず／行けず、家族以外に親密な対人関係を持たない状態が長期におよぶ事例をとりあえず「ひきこもり」と称しておきます。「長期」とはどのくらいの期間か、不登校の場合は30日を基準に考えますが、ひきこもりの場合、確定した定義はありま

せん。こうした事例に長く関わってきた斎藤環の啓発書[1]では、「6か月以上」としています。

　長期不登校の児童生徒を見つけたら、まず必要なのは、その要因やきっかけについて多面的に調べて評価することです。多面的とは、本人の性格や資質あるいは疾病の有無、いじめなどの外部からのストレス、家族背景などの諸側面です。

　本事例では当初不登校という形で学校職員が問題を認識したところから支援が開始されましたが、学校職員の触れる情報だけでは家族の問題や経済事情、医療上の問題などが必ずしも詳細に把握できるとは限りません。したがって、困難事例に対してはとくに、早い時期から教育センター、市町村の子ども家庭（児童福祉）部署やひきこもり地域支援センター[2]等の協力を求め、ケース会議（ネットワークミーティング）を企画し、ひきこもり当事者とその家族の抱える諸要因を個別的に評価することが効率的な支援につながります。

　上記斎藤は、「社会的ひきこもり」という言葉を精神障害が第一の原因として想定されないものに限って用いるとしていますが、10歳代後半は統合失調症の好発時期でもありますから、両者の鑑別は常に意識しなければなりません。またさまざまのタイプの発達障害はもちろん、強迫性障害や小児うつ病などの障害や疾病が、ひきこもりや対人接触困難の主要因となることもあります[3]。発生要因が異なれば対応法、治療法も大きく変わってくることに注意が必要です。

　当事者が積極的に精神科受診してくれれば医学的診断が得られますが、本人・家族共に精神科受診を希望しないことは珍しくありません。

　初期評価の際に重要な点は、自傷行為や暴力などの危険な行為のため、緊急対応が必要となる可能性がどのくらいあるか、生物学的治療（薬物療法など）が必要な統合失調症などの疾病性はどのくらいあるかという2点です。後者についてはもちろん精神科医師以外の支援者が判断するのは難しいかもしれませんが、学校や家庭の中で起こっていることと本人の行動や言動とに関連性がありそうか否かを判断し、本人の置かれた環境あるいは状況から了解しにくい突飛なあるいは不可解なふるまいが明らかなときには、速やかに保健所や保健センターの精神保健部署などと連携して医療の必要性を判断する必要があります。

　実際には、本事例のように、ひきこもっている本人との接触が長期にわたって難しく、家族からの情報をもとに支援計画を立てざるを得ないことも少なくありません。本人とその置かれた環境要因を評価する過程で、ほとんどの場合、家族間のさまざまな問題が浮上してきますが、まずは困っている家族の話を聴き、その苦境を理解したいという姿勢を明確に示すことが大切です。

＊1　斎藤環（1998）『社会的ひきこもり』PHP新書
＊2　厚生労働省「ひきこもり支援推進事業」および「ひきこもり地域支援センターの設置状況リスト」
＊3　齊藤万比古他（2010）『思春期のひきこもりをもたらす精神科疾患の実態把握と精神医学的治療・援助システムの構築に関する研究』国立国際医療センター甲府台病院児童精神科

§ A子の変化
──支援体制を強化し、積極的介入の機を模索する

　父との面接を繰り返しながら、うつ状態が続いていると思われる母を精神科に受診させることを浦和相談員は再度勧めたが、父は母を説得できずにいた。母は、相変わらずA子が家族外の誰かと関わることを極端に拒否し、支援は膠着状態が続いていた。浦和相談員が父を介して提案した教育相談センターのカウンセラーや子ども家庭支援センター相談員の介入も拒否して、母はA子同様に家の中にひきこもるようになっていた。

　3年に進級するにあたり*2、A子の父との関係維持を重視して、卒業まで引き続き渋谷教諭がA子を担任することになった。3年生に上がる頃まで、A子は家では無言を貫きながらも、比較的穏やかに過ごしていた。学校は、引き続き父との面接を通じて、間接的にでもA子に進学関連の情報を伝えようと試みていた。

　あるとき、それを父がA子に説明して通信制高校などのパンフレットをテーブルの上に置くと、A子はそれを手に取ってしばらく眺めた後、パンフレットをびりびりに破って投げ捨て、自室に入って壁や床をドンドン蹴ったり、物を投げ壊す音がした。慌てて駆けつけた母の姿を見ると、母につっかかり、蹴ったり叩いたりする暴力行為が現れた。そのような衝突が何度かあり、ついに耐えかねた母は家を出て、ビジネスホテルを転々とする事態となった。母が家を出ると、A子は自室にこもって泣き喚いたり、自分で自分の首を絞めたり、「もう死にたい」などと言うようになった。

　浦和相談員は、A子と家庭のこうした変化に対して、本人および母の心身の状態、家の中の実態、近所の様子などA子を囲む環境の総合的アセスメントが必要だと考えた。さらに、A子が暴れたり、自傷行為が深刻化した場合に備えて保健医療分野の支援者の協力も必要になるかもしれないと考え、保健所の精神保健担当保健師にも参加依頼して関係者会議を行うことを学校に提案した［▶ポイント］。

▶ポイント
ネットワークはどこまで拡張すべきか考えてみましょう。

---

*2　公立の小中学生を出席日数不足や成績不良という事由で留年（原級留置）させることは制度上は可能（学校教育法施行規則第57条、79条）であるが、その判断は校長が行う（公立小中学校管理規則第7条）。わが国の公立小中学校では年齢に合わせた学年編成が重視されているので、長期不登校が生じた場合でも、ほとんどの小中学生は留年することなく卒業に至っているのが実情である。

●関係者会議（於 中学校会議室）

関係機関	主な支援者（登場人物）
市（ひきこもり相談センター）	浦和（相談員：本会の司会）
中学校	渋谷（担任教諭）
	大久保（SSW）
	高崎（教育相談担当教諭）
保健所	秋葉（精神保健担当保健師）
	五反田（嘱託精神科医師）

　冒頭、渋谷教諭がA子とその家庭状況について概略を説明した。浦和相談員は、支援者はA子本人に接触できないまま、A子の反発や暴力的態度によって、うつ状態にあると推定される母親が家を出て行かざるを得なくなり、A子自身の精神状態も極めて不安定になっている状況がうかがわれると報告した。

浦和：A子の現況は、今お話しさせていただいたとおりです。次に、A子がひきこもりに至った状況について、学校で把握していることを説明してもらえますか。

大久保：小学校からの話ですと、ひきこもりにつながる不登校が始まったのは、小学校4年生のときです。2学期が始まってまもなく、A子は学校で意識を失い、救急車で小児科病院に搬送されたということがありました。検査の結果、異常は見当たらず、医師から、睡眠不足による疲労のせいではないかと説明されたということでした。母は、とくに悪いところがないのならと翌日からA子を登校させ、A子も、その後休むことなく登校を続けました。A子の成績は、引き続き良好でした。

ところが、5年生に進級したある日、A子は再び学校で倒れました。同じ小児科病院に数日間入院して精密検査を受けましたが、やはり異常はないということでした。この検査入院中、小児科主治医がA子に毎日の生活の様子を尋ねると、塾等に通うため休日はないに等しく、睡眠時間も6時間以下と短いことがわかりました。それで母親に対して、小学生にふさわしくない過密なスケジュールになっているので、もう少しゆったりした生活が望ましいと伝えたとのことです。

退院後A子は2日間登校しましたが、3日目の朝、家を出ようとした玄関先で再度倒れています。翌日、翌々日もA子は登校の支度を済ませて出かけようとすると、失神したり過換気発作が生じたりして登校できない日が続くことになります。母は何とか登校させようと、学校まで送って行くことを繰り返していたようですが、学校が見える位置に来るとさ

まざまな症状が現れ、結局、登校不能となってしまいました。

小児科で何度検査しても身体面の異常は見つからず、母は、小児科医の「こころの問題かもしれない」という指摘を受けて、不登校児を対象とした専門のカウンセラーを探し、そこに通いました。父によると、母の話を熱心に聴いてくれたカウンセラーは、決して登校刺激を与えないようにと念押しし、母はそれを忠実に守ることとなりました。家庭訪問など、学校からの連絡を遮断してきたのも、このアドバイスの影響と考えられます。小学校の担任によると、母は、「先生が家に来たりしたら、学校に行かなければならないと、あの子がプレッシャーを感じてしまいます。カウンセリングの先生には登校刺激は絶対に避けろと言われています。この子は私が守ります」と言ったとのことです。

長期ひきこもりが始まったきっかけになったのは、次のようなエピソードです。母がまだ何とか登校させようとあれこれA子に働きかけていた頃のことですが、些細なことで母が本人を注意したところ、A子は「ママに殺される！」と叫び、その後一切誰とも口を利かなくなり、自分の殻に閉じこもってしまったと、父は話してくれました。

現在、この父がかろうじて家庭を保護するキー・パーソンの役割を果たしていますが、父も疲弊しています。このまま放置できないと私たちは考えています。

浦和：現在の状況については、はじめに渋谷先生と私がお話ししたとおりですが、A子は家の外にも出られず、誰にも相談できない状況で、今後のことについて不安でたまらないのではないかと見立てております。

　　　しかし見方を変えると、これまで渋谷先生や私たちがA子と接点を持つ障壁になっていた母が家を出たことは、積極的介入のチャンスとも考えられます。ただ、A子の反応は予測するのが難しく、自傷や自殺企図の恐れも懸念されるので、皆さんのご協力を仰ぎたいと思いました。

高崎：介入って、一体どんな方法を考えているんですか。

浦和：家庭訪問して、とにかくA子と言葉を交わし、できれば一目でも対面することです。いろいろ想像はしてきましたが、やはりA子自身の言葉を聴きたいのです。

　　　ここにきてA子が荒れて母に暴力的になったのは、中学卒業時期が近づき、周囲から取り残されていく不安が一層強くなったからではないでしょうか。お母さんに反発するようになって随分時が経っていますが、これから何を目標にしたらいいか悶々としているのではないでしょうか。

高崎：お父さんはなんて言っているんですか。

渋谷：どういう方法がいいのかわからないし、A子のほんとうの気持ちもわからない。けれどもこのままでいいとは思わない、学校の先生たちが来ても部屋から出ないかもしれないが、何かしなくてはと思う、などと言っています。首をかしげながらも、家庭訪問については了解してくれました。

浦和：直接会うと言っても、ドアを壊して部屋に押し入るようなことをするわけではありません。会えなかったら部屋の外から声掛けして手紙を残すようなことを考えています。そう、一回で会えるとは思っていませんし。

秋葉：ひきこもっている期間は長いようですが、最初に小学校で倒れてしまってたときもお母さんは無理に登校させたりしたようですし、勉強や習い事を相当きつく強いていたお母さんの態度が大きな問題かと想像できるんですが、現在家を出ているお母さんはその辺りはどんなふうに捉えているんでしょうか［▶ポイント］。

▶ポイント
直接話を聴けない重要人物の心境はどのように推し量ったらよいでしょうか。

渋谷：お母さんの直接の発言かどうかわかりませんが、当初通っていたカウンセラーの「登校刺激を与えないように」との指示を頑なに守る態度からすると、多少は反省しているのかもしれないと父は言ってました。

Q2 親が子どもの将来のことを考えて勉強など教育課題を強いることは、子どものひきこもりや精神疾患を起こしやすくするのでしょうか？

親が子どもの将来の幸せをどんなに願っていたとしても、子どもの個性や年齢に見合った発達課題を無視した勉強や習い事の強要は、さまざまな負の結果を生じさせます。A子のように見かけ上親の指示に従順に従っていたように見えても、実際には、親に拒絶されることを恐れて心中あえぎながら親の要求に応えている子どもは少なくありません。

こんな人間に育ってほしいと、親が子どもの将来に自分の理想の人物像を投影すること自体は必ずしも有害とは言えません。しかし親子といっても異なる人間ですから、目の前のわが子が親の望む方向に適った資質や能力を備えているとは限りません。共感性、協調性や自律性を育むべき遊びや集団体験を、行き過ぎた早期教育やゆとりのない日課の押しつけによって奪ってしまうと、人格の成熟が阻害されたり、種々の精神疾患の発症要因の1つとなってしまうこともあります。

こうした事態を「教育虐待」と呼び、心理的虐待の一型として理解することもできます。例えば厚生労働省の「子ども虐待対応の手引き」を参照すると、心理的虐待の定義として以下があげられています。

①ことばによる脅かし、脅迫など。
②子どもを無視したり、拒否的な態度を示すことなど。

③子どもの心を傷つけることを繰り返し言う。
④子どもの自尊心を傷つけるような言動など。
⑤他のきょうだいとは著しく差別的な扱いをする。
⑥子どもの面前で配偶者やその他の家族などに対し暴力をふるう。
など。

　子どもが相応に努力しているにもかかわらず、満点や一位を取り続けないと一切評価しない、親の示した目標に到達しないことを強く責める、成績が良かったり運動能力に優れる他のきょうだいと比較してけなしたり、あからさまに差別待遇することなどは、上記①〜⑤に該当する心理的虐待というべきでしょう。
　この種の教育虐待は、他の形式の虐待行為以上に親が自分の子育ての歪みを認識しにくいものです。さらに困ったことに、子ども自身が親の欲望に同一化して、自ら体験しているつらさ、息苦しさを自覚／表明できないことがあり、A子家族のように大きな問題が見透かされたとしてもなかなか介入しにくいという特徴があります。
　また、本事例とは逆に、年下のきょうだいの世話や親自身のなすべき家事などを子どもに代行させ、子どもの就学を阻害するふるまいは教育ネグレクトとして理解されます。こちらの問題では、親の教育義務の怠慢として児童相談所等が介入しやすい面がありますが、子どもの方も学校に行きたくなくなってしまうケースも多く、実効的な介入はしばしば困難です。

秋葉：今日は保健所の嘱託精神科医の五反田先生にも都合をつけて参加してもらっています。五反田先生から見て、A子さんは何か医学的診断がつく状態でしょうか。

五反田：これまでの経過についてお聞きした限りでは、幻覚妄想などの精神病症状は見られないようです。最近の母への暴力とか、「死にたい」という発言もうつ病や双極性障害（躁うつ病）など精神疾患の症状というより、浦和さんが推察したように、孤立感や将来への不安感から生じる了解可能な行動のように思われます。
　しかし、母や父への複雑な思いをこれまで家族外の人間に話す機会を全く持てなかったんですよね。それから、お母さんの頑なな態度の理由もいろいろ考えてみる必要があると思います。いずれ母娘関係の修復が大事なテーマになりそうなので…

浦和：母自身が抱えてきた苦悩や、こういうことになってしまった罪責感はもちろんあると思います。それで母の精神科受診を促してはきたんですが。また、A子への対応を考えるため、両親一緒に来校してもらえないか、何度も働きかけてはきましたが、今のところ母は拒んでいます。

高崎：A子さんは精神病の可能性は低いということですが、了承を得ないまま

家に行って余計に拒絶的になったり、暴れて自傷行動が誘発されたりする危険性はないでしょうか。

浦和：そういうことも心配なので、皆さんにお集まりいただいたわけです。

渋谷：小学校のときの担任から今回もう一度お話を伺いました。少なくとも登校していた4年生までは成績はよく、友達との交流もあり、思いやりのある子だったと言います。それからひきこもって4年以上経ちますから、いろいろな出来事や変化があったとは思いますが、家で荒れ始めた直接のきっかけは進学関係の資料を見たことのようですから、説明の仕方によっては、今後の進路についてもっと柔軟に考えてよいということは理解できるんじゃないでしょうか。お母さんに対する思いは…どんなふうに聴いたらいいかわかりませんが。

大久保：そうですね、お父さんとの関係も実際どのようなものか気にかかるところですが、LINEでほしいものを要求するくらいですから、お母さんに対する思いとは違っているのではないかと。

五反田：自傷行為やその他予測困難な行動の恐れがないわけではないでしょうが、このくらい長期に及んだひきこもり状態は、なかなか本人や家族の力だけでは打開できないことが多いと思います。母娘関係はこじれきっていますしね。やはりここは、多少のリスクを侵してでも会おうとする試みが必要だと思います。いざというときのために、私のほうではバックアップできる思春期病棟のある病院を探して、事前情報を伝えておきたいと思います［▶ポイント］。

▶ポイント
ここまでしておかなければならないのでしょうか。

浦和：よろしくお願いします。

§ A子との接触から入院まで

●病院の調整と父親への説明

　会議の後、五反田医師は早速思春期病棟を有するP病院に相談した。これまでの経緯を伝えたところ、思春期担当の上野医師から、家族だけでもよいので一回受診してほしいと要請された。その旨を伝えられた浦和相談員と渋谷教諭は父と会って、家庭訪問の必要性と方法を再確認し、父の合意を得た。父には、入院も視野に入れなければならないことを説明し、その場合にはP病院に対応を依頼しているところだが、そのためには一度家族のみでも受診が必要だと説明した。

精神科病院への入院と聞いて父は表情を硬くした。浦和相談員は、五反田医師から提供されたP病院の資料を見せ、精神科病院といっても、過去にあったような閉鎖的な治療環境ではなく、A子のようなひきこもりの若者の治療実績も多いところですと説明した。

　ややあって父は、「やはりこのままでいいはずはないですよね」と言い、受診すると答えた。浦和相談員はそれまでに自傷行為があったり、暴れるようなことがあれば警察を呼ぶとともに保健所にも相談を持ち込むことを勧めた。警察の生活安全課と保健所の担当保健師には事前に連絡しておくことにも了解を得た。

　数週後、父から、P病院へ受診したとの電話が入った。病棟の見学もさせてもらった。紹介された上野先生は丁寧に話を聴いてくれ、治療法の説明もしてくれたので、もし入院となったとしてもあの先生なら信頼できそうだと述べた。

　翌週、父に来校してもらって家庭訪問の日時を決めた。A子には、「学校の先生が一度話を聴けたらと言っていた」と、家庭訪問のあることをいくらか曖昧に伝えておくことにした。

Q3 ひきこもっている事例の「緊急事態」とはどのようなものですか？

　「ひきこもり」状態が続くある時点で、本人が暴力や自己破壊的行動、あるいは反社会的な行動を引き起こしてしまう場合があります。具体的には、家族への暴力、近隣への迷惑行為、薬物乱用、そして自傷行為や自殺企図などが緊急事態の典型例です。

　ひきこもりに至った直接の契機がどのようなものであれ、またひきこもり生活に本人が安住しているように見えたとしても、長期間狭い空間に閉じこもった生活は息苦しく窮屈なものです。自分のつらさをわかってもらえる他者を切望していながら、傷つくことを恐れ、他者との関係をどのように拓いたらよいかわからずに悶々と日々を過ごすうちに、さまざまの苦悩や二次的症状が現れてきます。ひきこもっている人でも深夜や夏休み期間などに比較的外出しやすいのは、やはり平日日中は本来学校や仕事などに行かなければならない立場に自分があることを痛感しているからだと思われます。

　他者とのリアルな関わりが全くない生活でも、マスコミ情報やSNSを介して、仲間集団からどんどん引き離されてゆく自分を意識し、抑うつ的となるだけでなく、このような状態に陥った原因を探しあぐねて、親を責めたり自暴自棄になるケースは多いと言えるでしょう。

　こうした自責感と被害感が混在した精神状態は非常に苦しいもので、自傷行動や対親暴力に発展することがあります。自他双方に向かう攻撃行動が顕在化する以前にも、自殺のほのめかしや、自分をいじめた級友を殺してやりたいなどというメモや手紙が置かれていることもあります。

これらの問題は、支援者が気づきにくい家庭内の変化やネットを介した他者からの情報が誘因となることもあります。例えば、きょうだいの進学や就職や結婚、親の病気を聞き知ったこと、SNS上の友人との関係悪化等々。

しかし一方、こうした危機状況の発生は、一種の家族内ホメオスタシス（一定の関係性を維持させるような家族力動／膠着状態）下にあるひきこもり状態が動き始めた徴候としても捉えることができます。「緊急事態」とは、本人か家族の誰かがこのままでは堪えられないと感じ、意図しないまま、結果的に家族外の他者の介入を必然的に招く行動としても捉えうるものです。

緊急事態を介入のチャンスと捉え、支援チームが瞬発力を発揮できるように、ネットワークを整備しておきたいものです。

●家庭訪問から入院へ

その日、渋谷教諭と浦和相談員の2人がA子の自宅を訪れた。

父が2階のA子の部屋のドアをノックした。返事がないのでドアを開け、相談員たちが来ていることを伝えたが、A子は頭から布団をかぶったまま顔を見せなかった。渋谷、浦和の2人は、父の後ろから自己紹介した。何かをしてもらおうと思って訪問したわけではなく、A子と直接話したかったのだと述べ、学校以外にも勉強する場所やいろいろなことを経験する場があることなどを、短く伝えて階下に降りた。そこでA子宛の短い手紙を書き、その日は退出した。

2人が帰った後、「なんで家に他人を入れた！」とA子から怒りのメールが父に送られた。

その後何度か2人は家庭訪問したが、A子は部屋から出てこなかった。しかし、4回目の訪問のときに、それ以前にA子宛に書いた手紙の裏に次のように短いメッセージが書きつけられていたものを父から示された。「何度来てくれても会わない。私は生きていても仕方ないダメな奴だから」

訪問するそのつど、浦和相談員は保健所の秋葉保健師に、渋谷教諭は大久保SSW等学校職員に状況を説明し、関係者間の理解共有を図った。A子からのメッセージについて大久保SSWは、A子は真から拒絶しているのではなく、自分で糸口を見つけられないままに発したSOSの表現ではないかと述べた。

最初の家庭訪問から半年ほど過ぎたある日、A子は家で大暴れした。大きな窓ガラスが割れ、父と取っ組み合うA子が目撃され、近所の住民が警察通報した。警察官とともに警察から連絡を受けた保健所の秋葉保健師も駆けつけ、初めてA子と直に対面する支援者となった。

保健師と生活安全課の女性警察官が、A子をなだめつつ、今の気持ちをそのまま語るよう促した。興奮して泣きじゃくっていたA子は、徐々に気持ちを落

ち着けて、友人たちから取り残されていく不安や、自分はみんなに迷惑かけている、自分さえいなくなればすべてがうまくいくから死にたいなどと訴えた。

いろいろなことをゆっくり考えてみる時間が必要ではないか、そういうことを手伝ってくれる病院もあると秋葉保健師が話すと、A子は小さくうなずいた。秋葉保健師は直ちに五反田医師とP病院に連絡を入れ、幸いその日のうちにP病院の思春期病棟に任意入院することができた。

●その後の経過

入院生活の中で、主治医や看護師のみならず、同年代の他の患者と対話できたことにより、A子の心に変化が訪れた。面会に訪れた母や父とも少しずつ言葉を交わすことができるようになった。月に1回は家族面接が行われた。A子が入院したという知らせを聞いても母はあまり驚いた様子ではなかった。母は、初回の家族面接が終わった後、自分だけではもうどうにもならないと思っていたと力なく述べた。家を出た後、打ちのめされながらも以前かかったカウンセラーに電話相談し、A子と距離を置くことが大切な時期もあると諭され、母自身にも変化の兆しが現れていた。

入院期間は半年を超えたが、この間A子はグループセラピーにも参加して、人前で自分の考えや気持ちをある程度表現できるようになった。母も保健師に勧められた精神科クリニックにようやく通い始め、心理士の面接を受けるようになっていた。

翌年の春、A子はP病院を退院し、引き続き外来通院することになった。退院後の一時期、再び母子密着状態が再現するかに見えたが、父はA子の主治医から助言を受けつつ、暇を見てはA子を外出に誘い、話を聴いたり、一緒に映画を観たりした。母は、A子が学習を再開できる施設や対人関係を学ぶことができる居場所を探索した。候補となる施設が見つかったとしても、1人で決めるのではなく、必ずA子と一緒に見学に行き、父も交えてそこが適切かどうかを相談するという姿勢を維持した。

この間、浦和相談員と秋葉保健師は相談窓口として待機し、定期的にP病院上野医師と情報交換した。こうした取り組み［▶ポイント］の中、20歳になる前にA子は自身も納得して通信制高校に入ることになった。

▶ポイント
中学校卒業後のアフターケアの重要性。

■レビュー ··

本事例は、主に母による過度な勉学や習い事の強要（教育虐待）に端を発した長期ひきこもりケースといえるでしょう。

母がそのような養育態度を取ったことには、母自身の問題だけでなく、それまでの両親（夫婦）関係の歪みが背景にあることが多いものです。有効な支援策を考えるにあたっては、両親それぞれの生活史の聴取を含めて、家族全体の理解を深めることが必要です。

　A子の側の特徴を見ると、ある年齢までは親の期待に沿って動き、一定の成果を上げるだけの能力資質に恵まれていたことは、図らずも親の強要を助長する効果を果たしてしまった（問題の顕在化＝事例化を遅くした）かもしれません。けれども失神という身体化症状を契機に長期ひきこもり状態に入った後に「大暴れする」心のエネルギーを保っていたことは、入院後のA子の変化や成長に有利な条件を備えていたとも言えるでしょう。

　もっとも母を責めて家から追い出すことになったり、大暴れするだけのエネルギーがあったからといって、家族がすぐに良い方向に舵を切ることができるとは限りません。訪れた一瞬のチャンスを無駄にしないためには、継続的に家族全体を見守り、支援ネットワークの中で介入計画を共有し、即応態勢を保っていることが肝要です。

　本事例では中学の担任の渋谷教諭、相談役の大久保SSW、ひきこもり相談センターの浦和相談員がうまく連携し、最終的には警察や保健・医療機関の協力を得て、家族が大きな一歩を踏み出すことができました。

　この家族では、父が学校や支援スタッフと継続的に関わるキーパーソンとして機能してくれましたが、こうした役割を果たせる人が家族内に見出せないこともめずらしくありません。さらには、これほどまめに家庭訪問する教師や相談員は稀ではないかとか、保健所に適切な精神科医がいるとは限らないとか、思春期精神科病棟などない地域だとか、さまざまな条件が満たされない事例のほうが多いというのが実情かもしれません。

　それでも手持ちの支援策や治療資源を持ち寄って知恵を絞り、各機関支援者が自らの通常の役割を少しだけ越えて支援資源の隙間を埋め合うネットワークを構築し、維持することができれば、どこかで介入のチャンスは訪れるものです。A子家族は、そのことを私たちに教えてくれているようです。

　本事例において、学校の対応のあり方も注目されます。ひきこもりの端緒ともなる不登校は増加傾向にあり[3]、特に、中学校の不登校は、思春期の子どもの問題とも重なり、通常の統計的調査では表面化しにくい複雑な要因が背景にあります。こうした不登校の児童・生徒に対して、公立中学校の多くで、生

---

[3]　文部科学省「児童生徒の問題行動・不登校等生徒指導上の諸課題に関する調査」

徒指導とは別に、教育相談の枠組みで、不登校の子どもへの対応を行っていますが、本事例のように、学校だけの対応では難しいケースもあります。

　学校は、困難な事例に対して、学校だけで対応しようとして結局どこにも手が付けられなかったり、その逆に、医療機関などに児童・生徒がつながると、医療の問題であるとしてその後の対応を手控えるようになったりすることが多いように思われます。しかし、学校が窓口的機能を堅持しつつ関係機関と連携を図ることが求められ、そうすることが実効的関与につながるケースもあります。本事例は、そうした学校のあり方に示唆を与える好例です。

　また、こうした多機関連携を有効に行うためには、連携を要する事態をあらかじめ想定し、協働可能な地域の保健医療福祉機関を認識して、日頃から人的交流可能な機会を探っておく必要があります。それと同時に、学校内では、適時適切に組織的な意思決定ができるしくみを作っておく必要があることは言うまでもありません。

Case 9

予期せぬ妊娠による葛藤を抱えた
高校生（17歳）の気持ちに寄り添った
支援のあり方

高2のＡ子からNPO・妊娠ホットラインに妊娠の相談がなされた。NPOは、保健センターと連携し、Ａ子への支援が始まった。

概 要

17歳の高校生妊婦が、両親・パートナーから妊娠・出産意向を否定され、重なる中絶強要を乗り越えて出産を決意する。妊婦は、両親からの心理的虐待による家庭内基盤の脆弱さを背負い、若年、経済的不安定、サポート体制希薄の中、妊娠した。孤独な中、中絶と出産の狭間で揺れ動くが、「産みたい」という意思がNPOのきめ細やかな支援と行政保健師の柔軟な対応を引き出し、これまで支援の期待が望めなかった妊婦の母親の態度に変化をもたらした事例である。

関係機関	主な支援者（登場人物）
市	秋葉（子育て世代包括支援センター機能を有する保健センター 保健師） 水道橋（保健センター長 事務職） 大塚（子ども家庭課ケースワーカー） 厚木（人権・男女共同参画課 女性のための相談窓口 相談員）
民間	田端（妊娠・出産の相談窓口 NPO 助産師）
児童相談所	恵比寿（担当児童福祉司） 板橋（保健師）
Ｈ高校	本郷（養護教諭） 渋谷（担任教諭） 中野（副校長）

§ Ａ子からのNPOへの妊娠の相談

妊娠・出産の相談窓口NPO（以下、NPO）に、「妊娠をしたと思う。好きな彼の子どもなので産みたいが、おそらく産んでも困ると思う。でも中絶して、赤ちゃんを殺すのは嫌。でも病院に行けばいろいろ聞かれるだろうし、怒られるかもしれない。頭の中がパニック」との一通のメールが届いた。

NPOでは、内部で協議し、助産師である相談員が、これに対して、来所を促す返信をしたところ、来所する旨の返事があった。

NPO：よく連絡してくれたね。心配だったでしょ。

A子：はい。いろいろ考えちゃって。

NPO：妊娠しているかどうかを調べるキットがあるのは知ってる？

A子：はい。でも、買いに行く勇気がなくて…。

NPO：それで調べてみようか。もし妊娠していなければ、いろいろ考えていることの心配はなくなるし、もし妊娠していれば、それを基に、今後どうするかをいっしょに考えられるよ。

A子：わかりました。

NPO：ところで、このこと、両親は知ってるの？

A子：両親には言えないです。

NPO：そうか。両親はどんな人？　お仕事とか、A子さんにきょうだいは？

　A子から聞き取った家族関係は次のとおりである。

父（F、44歳）：金融関係の会社役員

母（M、42歳）

父方祖母（G、76歳）

　なお、A子には、大学生の兄（K、22歳）がいるが、他県に下宿をしており、A子とは関係が希薄である。

　市販の簡易検査の結果、妊娠が確認された。田端相談員は、A子の体が大切なこと、子どもはお腹の中で育ってくるので、まずは、産科を受診したほうがいいことをアドバイスした。A子は、産科受診は費用の件も含めて抵抗したが、田端相談員がいっしょに行くとしたことで、気持ちの整理ができ、受診することとなった。

　産科医からも妊娠（13週）が告げられたA子は、産みたい気持ちが強いものの産む決断ができずに悩んだ。そこで、田端相談員は、継続的な支援が必要であることから、保健センターの秋葉保健師にも相談して一緒に考えようと促すと、A子は、「役所を頼ると妊娠が親にばれるんでしょ」と恐れて拒絶していた。田端相談員は、A子の懸念を秋葉保健師に伝え、次のような依頼とともに、保健センターにつなげた。

「A子は若年、未婚。パートナーは22歳のバイト先の先輩（大学を親に内緒で中退）であり、両親とは連絡を絶っているらしい。妊娠は驚いたが、好きな彼との子どもなので産みたい気持ちが強い。彼と一緒に子どもを育てたいと思っている。しかし、まだパートナーにも、親にも妊娠を打ち明けていない。かなり厳格な父親と聞いており、妊娠を知れば激高するに間違いないと。母親もあまり頼れないようで複雑らしい。A子には兄がいて関西の大学に通っている。"我が家では違う人種"と兄と比較され続けてきたので、兄との関係も良くないらしい。A子は、行政が親や学校、児童相談所などに勝手に伝えると思い込んでいて拒絶している。まずは相談に応じるという対応でお願いすることは可能か」

（秋葉保健師は、依頼内容を受理し、3人で会うことを了承した。）

§ A子の妊娠葛藤と保健センターの対応

●A子の保健センターへの来所

○月△日

A子と田端相談員が保健センターに来所し、秋葉保健師と3人で話をした。

秋葉保健師は、診断を受けた病院と医師名、妊娠週数（13週）・出産予定日（○○年△月□日）を確認した。

一通りA子の話を聞いたうえで、A子の身体のことを考慮しても産むか否かの決断は早い段階でしなければならないこと、NPOも行政もA子の意思を尊重して対応すること、しかしながら、心身を脅かす事態や胎児への影響等、生命に関わる際にはその約束も守り通せないこともあることを伝えた。

パートナーや両親へ妊娠の事実を伝える際には、保健師が同席することも可能であると伝えるが、A子は、「自分で話す。役所から誰にも言わないで」と強い口調で主張した。A子が母子健康手帳（以下、母子手帳）交付を今日はまだ…と濁したので、秋葉保健師は、無理強いは避け見送り、今後は、特定妊婦の登録も視野に、関わりを継続していくことにした。A子との連絡方法をA子の希望でLINEと携帯電話とした。

●保健センターのA子への対応

秋葉保健師は、A子と田端相談員の面接記録を回覧するとともに水道橋保健

祖父は74歳で8年前に死去。1軒の小売りから多店舗展開を成功させた。傲慢社長で知られる存在。

夫の死後経営者となり才覚を現す。

祖母
76

金融関係の会社役員。高圧的態度。

父
44

うつ病治療歴・入院歴あり（治療は自己中断）。自己肯定感は低く、夫の言いなり。

母
42

大学3年で退学。パン屋でバイト中にA子と出会う。

彼
22

A子
17

兄
22

大学4年生。アパートで一人暮らし。父からの期待を受け、本人も上昇意識が強い。A子とは気が合わない。

13w

妊娠12週で発覚。家庭内での居場所がないと思いながら育つ。母（うつ病）に献身的に関わる。高校に入り、プチ家出などをするようになる。

インテーク時に把握した情報

センター長に、A子に関する情報と相談に至るまでの経緯を報告した。

水道橋：状況は把握しました。妊娠判定のための産科への同行支援をして、妊娠の有無を確認できたことはよかったと思います。ただ、役所としては妊娠を把握し、本人は出産希望なのに母子手帳を交付しないのはいかがでしょうね。手帳は交付して、早めに、特定妊婦として子ども家庭課に情報提供することも含めて、保健師が支援をしていくのはどうですか。

秋葉：それも検討しましたが、A子は、行政や児相に対する疑心もあり、役所に届け出ることで情報が広まってしまうことをとても懸念しています。親やパートナーの理解を得て出産したい意向があり、葛藤の中にも、そのための道筋を通そうとしている様子がうかがえました。その気持ちを尊重することも支援の一環であると考えました。なので、当面は、信頼関係にあるNPOの田端相談員と協働して、彼女の決断を待つ方向で行きたいと考えています。

水道橋：手放しで同意はできませんが、趣旨はわかりました。当面、その方針でやってみて下さい。ただ、何かあったら困ることになるので、保健セ

ンターで抱え込まないようにしてください。

秋葉：わかりました。

●A子への連絡と音信の不通

秋葉保健師は、毎日A子にLINEを使って連絡をした。A子がうっとうしく感じ、自分に対し嫌悪感を抱くのではないかと心配したが、保健師としての焦りもあった。LINEでの反応は途切れることもあったが、それでも最初の頃は、秋葉保健師には、気持ち悪くて食欲がないなど体調のことを伝えてくれていた。田端相談員からの情報として、親に妊娠を打ち明けていないので、体調不良（つわり）を理由に学校を休む日も登校を装って家を出て、友達と過ごしたりネットカフェで時間を潰すこともあり、田端相談員がネットカフェに出向いて一次避難の利用を勧めたりもしたとのことであった。また、秋葉保健師は、電話でも一度話し、A子の母（M）は、A子が小学生の時に、うつ病と診断され入院歴もあることも知った。A子は、母親が驚き体調を崩すのではないかと気遣うと、妊娠を切り出せないとも語っていた。

A子からの返信は徐々に遅くなり、また返信内容も簡単なものになっていった。

そうした中、突然、LINEでのやりとりが途絶えた。秋葉保健師が繰り返しメッセージを送ったが、既読にもならなかった。秋葉保健師は田端相談員と一緒に、いつものネットカフェに行ってみるが見つけられずにいた。

Q1 妊娠に困惑し、母子健康手帳の交付を受ける以前に悩む女性への支援は？

妊娠を知り産みたい人、産めないが産まない決意に至れない人、産んだら虐待するかもと不安を感じるなど、「困り・迷う」女性がいます。このように妊娠に関わる決定の際の心理的負担は妊娠葛藤と呼ばれ、母子健康手帳の交付を受ける以前に相当悩みます。その背景には、妊婦に関する背景（病気やギャンブル依存などの嗜癖、さびしさ、自己肯定感の低さ、男性への執着、対人関係の未熟さなど）や、家族関係に関する背景（家族間葛藤があり相談できない関係性など）、パートナーに関する背景（借金持ちなど将来への懸念、子の認知の問題・法的課題など）、社会的環境に関する問題（親や社会からの重圧、中絶の戸惑いや批判、就労の継続など）、経済的問題に関する背景（妊娠・出産関連費用、生活困窮）などが考えられます。

妊娠葛藤を抱える妊婦にとって、社会はいまだ厳しい状況です。「母子健康手帳交付後に通報されて、子ども家庭課（要対協）から突然ケースワーカーがきた」「母子手帳交付後に、勝手に学校に連絡され家族にばれた」な

ど行政に対する不信感や、包括的性教育の乏しさ、中絶アクセスのハードルの高さ、妊娠確定診断費用、出産費用、緊急避妊薬、中絶費用、避妊目的ピルなどは医療保険適応外であり負担が大きいなど厳しさも多岐にわたります。

　各都道府県や政令市・中核市などの保健所には、「女性健康支援センター」（看板を掲げずに相談機能を有する自治体もある）があり、保健師等による女性の健康に関する悩み全般を受けつけています。また、市区町村保健センターでも相談を随時受けつけています。しかし、役所への相談が躊躇（ためら）われる場合には、自治体が民間に委託をしている「妊娠ホットライン」や「妊娠SOS」などに相談をすることも可能です。相談は、アウトリーチ＆キャッチをコンセプトに、産科受診等支援や若年妊婦等に対するSNSやアウトリーチによる相談支援、次の支援につなぐための緊急一時的な居場所の提供なども含まれます（若年妊婦等支援事業）。

　産科受診等支援は、予期しない妊娠、経済的困窮などのさまざまな背景があるが、自身で医療機関への受診が難しいと判断された場合には、相談機関の保健師や助産師などが医療機関に同行し、初回産科受診料ならびに妊娠の判定に要する費用を助成する制度です（母子保健医療対策総合支援事業）。

文献
令和2年6月17日（子発0617第2号）厚生労働省雇用均等・児童家庭局長通知
田口朝子（2012）「妊娠葛藤の質的構造：妊娠から出産に至るまでの女性たちの悩みの声」『生命倫理』22（1）、14-25頁
『妊娠葛藤白書』（2019）湯澤直美監修、ピッコラーレ発行

Q2 包括的性教育（自分を大切に、自分を守る行動ができる力を育む教育）とは何ですか？

　包括的性教育とは、ジェンダー平等や性の多様性を含む人権尊重を基盤とした教育であり、その目的は「自らの健康・幸福・尊厳への気づき、尊厳の上に成り立つ社会的・性的関係の構築、個々人の選択が自己や他者に与える影響への気づき、生涯を通して自らの権利を守ることへの理解を具体化できるための知識や態度等を身につけさせること」と言われています（『国際セクシュアリティ教育ガイダンス【改訂版】』）。

　このガイダンスは、ユネスコ（UNESCO＝国連教育科学文化機関）が中心になり、ユニセフ（UNICEF＝国連児童機関）などいくつかの国連機関や性教育分野の専門家により作成されており、性教育・性の学習は性の権利（セクシュアル・ライツ）であることも示され、いまや国際的潮流です。

　ガイドラインには、包括的性教育が、自分の性を守る教育、自身を守る教育、生きる権利を守る教育であること、そのために、自分の存在を大事に思えること、それが他者も大切にできる力につながることなどが書かれています。日本で現在行われているような性感染症の予防や予期せぬ妊娠の予防のためには性的接触をしないことを推奨し、コンドームの有効性は伝えるが具体には触れないなど性をネガティブに伝えがちな風潮の性教育のありようを考える内容です。

　包括的性教育が、性行動や性的にリスクの高い行動を促したり、STI/HIV

の感染率を増やすことはなく、「子どもから大人への移行、その際に直面する身体的、社会的、情緒的な変化について情報を提供し、健康に対し、より責任のある態度と行動を取ることを助け」「早すぎる妊娠、ジェンダーによる暴力、性感染症（STIs）、HIVとエイズなど、思春期にはとくに困難度が増す課題」に対し、NOといえる力や「10代の妊娠に関する健康課題のために学校に通えなくなることがないよう闘うこと」にもつながるとしています。そして、性教育の否定、純潔教育では、性行為の開始年齢を遅らせたり、性行為回数や性行為の相手を減らしたりすることはできないことを示すエビデンスも提供されており、質の高い包括的性教育が緊急に必要なことが示されています。

文献
UN urges Comprehensive Approach to Sexuality Education（2018）UNESCOホームページ
ユネスコ編（2020）『国際セクシュアリティ教育ガイダンス【改訂版】——科学的根拠に基づいたアプローチ』明石書店

§ A子の救急搬送と両親らとの話し合い

●A子の救急搬送とA子との再会

A子とのつながりから約1か月後、連絡が取れなくなり4日後、A子が救急搬送されたと、搬送先から田端助産師を介して秋葉保健師に連絡が入った。秋葉保健師は、病院に向かってA子と会った。この間の事情についてA子から語られたことは次のとおりである。

〈A子の話〉

A子は、秋葉保健師とのやりとりを通じて、妊娠を打ち明ける必要性を理解するようになり、音信が途絶える少し前、母（M）だけに伝えた。母（M）はただ泣き崩れ、すぐに父に伝え、父親に知れるところとなった。父は、「人間以下のやることだ」とA子を罵倒し、とにかく「早く堕ろせ」の一点張りであったとされる。A子の人格否定にもつながる父の反応であったが、A子にとっては想定内で特に驚くこともなかった。

さらに、A子は、パートナーにも妊娠の事実を伝えている。パートナーは、謝罪とともに、「責任はとれない」と繰り返し、中絶を懇願し、A子に別れを言い渡した。A子とパートナーの連絡はこの後途絶えている。A子は、パートナーの態度に、失意落胆をし、秋葉保健師からのメッセージを見ず、また連絡もしなくなった。

その後、A子（妊娠16週）は、バイト先の先輩宅で寝泊まりをしていた。ま

だら登校が続いており、母親からの着信にも応じずに過ごしていた。自暴自棄の投げやりな気分になっていたところ、おなかの張りや出血、腹痛に襲われ、先輩が怖くなって救急車を呼んだ。

●A子と両親の話し合い

　A子と胎児の無事が確認され、しばらく安静と2週後の受診を条件に帰宅が許された。秋葉保健師は帰宅途中にA子と話し、一時的に方向が定まるまで民間の滞在型の支援施設（シェルター）を頼ることをすすめ、両親と再度話し合いをする場を設けようとやや強引に働きかけた。A子は、両親との話し合いは受け入れたが、シェルターは使わず、先輩のアパートに戻っていった。

〈保健師とA子、両親との話し合い〉
◎月△日：　A子の自宅にて（秋葉、父（F）、母（M）、父方祖母（G））
父（F）：まだ、中絶してないのか。お前（母M）がちゃんとしないからこんなことになるんだ。高校生のくせに。早く処置してもらえ。（秋葉）保健師ってのは、何をしてくれるんだ。どうして病院に連れて行ったのなら、その場で中絶をすすめなかったのか。保健師がそそのかしているのか。
母（M）：（A子に向かって、物静かな声で）何度も電話したのよ。中絶は早いほうがあなたのためだし…。どうしてあなたは…（涙）…（泣き崩れる）。
秋葉：ご両親が驚かれ、困惑されるのはごもっともです。私は、A子さんがNPOの相談窓口を探し出し、そこで出会った助産師と妊娠を確認し、産みたい気持ちと産めないかもしれないという現実認識の中で揺れ動いているという事実を受け止めています。A子さんは、高校生の女の子です。たった一人でどれほど悩んでいるか、まずは理解していただけないでしょうか。中絶するならお母さまのおっしゃるとおり早いほうが良いのです。すでに初期中絶時期は過ぎています。まず、落ち着いて大人である私たちがA子さんの気持ちを冷静に聞きませんか。
父（F）：聞いてどうする。そんなのん気なことを。こんなことが周囲に知れたら、世間が面白おかしく扱うだろう。おまえ（A子）が嫌な思いをするんだぞ。どうして厄介なことばかりしてくれるんだ。
秋葉：お父さん（F）は、世間の無理解の目線にさらされるであろうA子さんのことを思って心配なのですね。親としてそのように心配されるのは当然ですね。まずはA子さんの気持ちを聞いてください。
祖母（G）：いつかこんなことになるんじゃないかと思っていたのよね。母

（M）さんがずっと具合が悪いからねえ、まともに子育てできなかった
　　　からね。

A子：おばあちゃん、お母さんを責めないで。お父さんもお母さんも、私のこ
　　　と嫌いだって知ってる。それで妊娠だもんね。ふしだらな娘が赤ちゃん
　　　を産むなんて考えられないよね。この家に面倒をかけない。私が家にい
　　　ないほうがいいじゃん。家を出て赤ちゃんを育てる。私も迷ったけど、
　　　そのほうが、みんなにとってもいいじゃん。赤ちゃんやっぱり産むわ。

母（M）：そんな投げやりな…。あなたこそ冷静になりなさい。産んで、どこで、
　　　どのように育てるの。「トイレで出産して、そのまま赤ちゃんを置いて
　　　逃げた」とか「家の中のタンスの中に…」なんかのニュースを見るでしょ
　　　う。みんな、あなたくらいの子じゃない。お願いだから親の言うこと
　　　聞いて中絶してちょうだい。

父（F）：とにかく、子どもを産むなんてありえない。許すわけには行かない。

　　　　　　　　　　　　　　　（略）

秋葉：A子さん、私からも確認していいですか。パートナーとは連絡がとれな
　　　いけれどどうしますか。あなたが望む、パートナーと協力しながらの子
　　　育ては難しそうだけれど。それでも産む気持ちはありますか。

A子：彼は中絶してほしいと言う一点張りだった。彼も親に内緒で大学中退し
　　　ちゃって親と連絡とってないみたいだからお金ないし、仕方ないかなと
　　　思う。でも一人でも産んで育てたい。大事にしたい。秋葉保健師さん、
　　　母子手帳ください。勝手に中絶したら子どもを殺すことになるでしょ。
　　　それで自分だけ生きていくの？　いいの？

秋葉：そうね。命だものね。A子さんもご両親もご存じだと思いますが、22週
　　　になれば中絶はできません。A子さん、最後にもう一度冷静になって。
　　　赤ちゃんを産むということは、産んでからのことを考えることも大事な
　　　の。遊びたいことも我慢しなければならないし、眠い時に寝ることもで
　　　きない。自分の都合を優先することなどしばらくはできない。赤ちゃん
　　　は勝手に何時でも泣くし、手もかかるし、ミルクやおむつなどお金もか
　　　かる。そのような赤ちゃんのいる生活をイメージしながら考えましょう。
　　　あなたが自暴自棄になっていないか、自分ともう一度向き合ってみる？
　　　まだ、もう少しだけ時間がある。自分の気持ちとじっくり向き合いまし
　　　ょう。とりあえず今日は、安静にゆっくり休みましょう。

A子：わかった、考える。

父（F）は、「何やってるんだ。相手の男連れてこい」など捨て台詞を吐き、母（M）はずっとうつむいたままであった。

§ Ａ子の家族の問題

話し合いの翌日、母（M）から秋葉保健師に電話が入った。「父（F）は中絶の一択でしかないし、父を交えての今後の話し合いは刺激を与えるだけで無駄である。何とかＡ子の中絶を説得してくれないか。もしくは父に内緒でどこかで静かに産んでＡ子には特別養子縁組などの制度を使うように説得してくれないか、保証人には私（母Ｍ）がなる」との内容の電話であった。

秋葉保健師は、母（M）が夫からの身体的暴力はないものの感情や考え方、行動をコントロールされている実態を感じた。母（M）は、夫の機嫌を損ねないようふるまうのが精一杯であり、夫の指示に従うか、指示がないと次の行動が考えられない状況にあると判断した。

秋葉保健師は、それでもＡ子への対応を保健師に委ねてきた母（M）の行動にかすかな変化を感じ取り、毎日連絡を取り続け、母（M）に来所を促した。その間、田端相談員が先輩宅にいるＡ子に寄り添うことで役割を分けた。母（M）が保健センターへの来所に応じ、自身のことを話し始めた。

〈母の話〉

母（M）は、幼少期から父親のアルコール問題にさらされ、家にいるのが嫌になって家を出（高校中退）、将来の希望もなく夫の会社の事務アルバイトをしていた。その時に夫と出会い、夫がとても頼りがいがあるように思えて結婚した。

結婚当初から、指図はあったが、「こんな自分と結婚してくれたのだから感謝しなければ」と思い、受け入れているうちに夫の指示命令はエスカレートしていった。

父（F）の長男（兄Ｋ）への思い入れが強く、中学受験時は、兄（Ｋ）の一日の勉強スケジュールを指示され、それをクリアすることを強いられた。ずっとＡ子の子育てに手が回らず寂しい想いをさせた。だけど逆らえなかった。兄（Ｋ）の受験直前は、義母の監視や夫の説教も増え、中学受験が終わると母（M）は、睡眠薬を大量に服薬しうつ病と診断されて入院した。

母（M）は、Ａ子のことは、祖母の言うとおり、自分のせいだと責めていた。

§ A子の出産の決意とA子を支える体制づくり

●保健師とA子、母との話し合い

　秋葉保健師は、母（M）とA子と3人で話す機会を保健センターの相談室にセッティングした。A子は、母（M）の変化に驚き戸惑うが、出産の決意を母（M）に伝えた。

　その際に、A子は、高校の退学は覚悟しているが、将来は美容専門学校への進学を考えており、辞めたくはない気持ちも初めて口にした。母（M）は、父（F）への最後の説得をし、了解が得られなければA子と一緒に家を出る覚悟を決めた。

　A子は、ようやく、母子手帳を手にした（妊娠19週）。

●保健センターと学校の話し合い

　秋葉保健師は、A子の了解を得て、A子が通うH高校に電話連絡を入れ、事情を説明して面会を申し入れた。高校では、副校長、担任に、秋葉保健師からこの間の事情を説明した。

◇月◎日：H高校にて（H高校中野副校長、渋谷担任教諭、秋葉保健師）

渋谷：（秋葉保健師に向かって）どうしてもっと早く言ってくれなかったのですか。それで、子どもの親であるパートナーは、連絡つかずのままですか。まさかうちの生徒ではないですよね。

秋葉：迷いましたが、A子には妊娠の事実を知る人を最小限にしたいという要望がありましたのでそれを尊重しました。もちろん時と場合によりますが、産みたい気持ちはあっても母子手帳交付を受けると情報が学校や児童相談所に漏れてしまうという強い懸念があり、躊躇していたくらいです。パートナーの詳細は私も聞けていませんが成人しています。金銭的余裕がなく、中絶を強要するが、お金を出す気はない方のようです。連絡は途絶えています。今後も連絡はしてこないと思います。

中野：そうですか。実は、私が知る限りですが、我が校では妊娠騒ぎはこれまで2名ほどいました。その2人は、ご本人と家族の意向で自主退学されました。ご両親も反対…というか、中絶をすすめられていると電話でお聞きしていますが、その意向は変わりないのですか。

秋葉：そうですね。ただ、A子の母（M）に少し変化が見られるので、一概に

両親が反対し続けるかはわかりません。そうは言っても中絶には期限もあります。両親にそのことは伝えています。ただA子は、パートナーなしでも一人で産む気持ちが高まっています。

中野：今は、学業優先だからといって学校としては、中絶をすすめる指導は難しくなっています。親御さんが説得してくだされば…。

渋谷：産むつもりでいるということですが、体調のことや、学校はどうするのですか。学校を辞めずに産むということは、どうなるのでしょう。他の子どもたちにはどう説明すれば…。学校に在籍となれば、うちの高校始まって以来のことなのですね、はあ（溜め息）。

中野：渋谷先生、そうなるといろいろ考えなければなりません。本郷養護教諭にも事情を話してこの件には、関わってもらいましょう。

渋谷：それはそうですね。何分初めてですし。他の生徒への影響も心配ですよね。

中野：そうですね。お腹も目立ってきますしね。今まで経験がないものですから…。秋葉さん、次回は、A子さんとお母さまにも同席での話し合いを望まれていると聞いています。校長はじめ学校内で整理して、とにかく、A子さんにとって良い方向で考えたいと思います。2、3日時間をください。

秋葉：わかりました。ありがとうございます。私たちも一緒に支えていきますのでよろしくお願いします。

その2日後、中野副校長から秋葉保健師に連絡が入り、学校としては、A子の意思を尊重して支援するとの報告であった。秋葉保健師は、早速、A子と母（M）と学校との面談をセッティングした。

●学校とA子らとの話し合い

◇月△日：H高校にて（A子、母（M）、渋谷教諭、中野副校長、本郷養護教諭、秋葉保健師）

秋葉：私からこれまでの経緯は先生方に説明しています。今日は、A子さんの考えを聞き、今後の学校生活をどのように進めていくかについて考えていこうと思います。まず、中野先生、お話しいただけますか。

中野：はい。A子さん、大体のことは保健師さんから聞きました。しかし、私としては、A子さん自身の言葉で今後のことをどのように考えているのか聞いてみたいと思いますが、どうでしょう。

A子：はい。私は、赤ちゃんを産みたいと思います。でも学校をやめるのは嫌なのです。私、美容師になりたいんです。ちゃんと自立したいのです。だから高校は卒業したいし、ちゃんと勉強はしたい。退学しなければダメなんでしょうか。

渋谷：そうですか。そのようなしっかりとした考えを持っているのを知って安心しました。であれば、まずはその～、学業を優先するという選択はないのですか。

中野：渋谷先生、まあまあ。A子さん、お母さま、高校生が子どもを産むということは、いろいろ課題もあります。今の話では、学校を続けながら出産するということですが、それはそれで大変ですよ…。

A子：はい。大変なことは知っています。今でも大変。体調も悪かったし。でも母も応援してくれます。子どもを産んで、高校も卒業したいです。

秋葉：渋谷先生も中野先生もA子さんの身体のことや今後のことを心配してくださっています。先生方、A子さんの意思は固いようです。今、妊娠21週ですので、医学的にも法的にも産まない選択はほぼ難しいですね。先日A子さんは母子手帳も受け取りました。お母さん、いかがですか。

母（M）：あの、先生方にご迷惑をおかけし申し訳ありません。私の子育てが悪くて。お恥ずかしながらA子の父親は、真っ向から反対しております。私も同じです。何度もA子に中絶をすすめました。そんな中、保健師さんや助産師さんたちはA子の味方になると言っていただきました。私は夫の言うことが正しいと思い込んできましたからハッとしました。娘を守れずに恥ずかしいです。やっと、やっと、私がA子を応援せずに誰がこの子を応援するんだという気持ちになれたのです。先生方、A子の将来の夢をつないでくださいますようお願いします。A子は、おそらく私をずっと見てきて、自立したいと言っているのだと思います。私が情けない母親でしたから…。どうか卒業できる道をお考えいただけないでしょうか。

秋葉：高校在学中の妊娠の多くが、入籍（結婚）より先行しています。互いに経済的に自立していないことも多く、実父母はじめ周囲の協力は、精神的にも経済的にも必要です。お母さんの今回の決断は私たち支援者にとってもさることながら、A子さんにとっては、うれしいことですし、力になりますよね。

中野：そうですね。A子さん、お母さんの協力を得ながら出産、育児の体制を整えることができるのですね。いったん休学し、出産後落ち着いたら復

学ということを考えてみてはいかがかなと思いますが。

本郷：A子さん、私も応援します。でも学校に通学できるとしてもあと1か月
　　　くらいかな。8か月ともなれば、一般的に産休に入る時期ですね。1か
　　　月通学する方法もありますが、すぐ産休に入るつもりで休学し、出産後
　　　しばらくお母（M）さんの協力を得ながらあなた自身も子育てしながら、
　　　落ち着いて4月から復学するのが良いのかなと考えますが、どうでしょ
　　　うね。

A子：はい。ありがとうございます。私、学校に戻れるんですね。

母（M）：ありがとうございました。

秋葉：先生方、今日はお時間をいただきありがとうございました。今後ともど
　　　うぞよろしくお願いします。

　A子は、出産予定日8週前を待たずに休学し、2年後の4月の復学を目指すこ
とで合意された。

§ A子を支える体制とその動き

●市要保護児童対策地域協議会

　秋葉保健師は、入院助産制度の利用や母子生活支援施設等、利用が可能かに
ついての検討と、今後のA子をサポートするネットワークを強化する必要性か
ら、特定妊婦として要保護児童対策地域協議会（以下、要対協）に登録した。

◎月△日　要対協　個別ケース検討会議（1回目）

●参加者

大塚	子ども家庭課ケースワーカー（市要対協調整機関）
秋葉	保健センター地区担当保健師（市母子保健担当）
恵比寿	児童相談所担当児童福祉司
板橋	児童相談所保健師
渋谷	H高校 担任教師
本郷	H高校 養護教諭
田端	妊娠・出産の相談窓口NPO相談員（助産師）

大塚：保健センターの秋葉保健師からA子さん「特定妊婦」として情報があり
　　　ましたので共有します。秋葉保健師からA子さんとそのご家族について
　　　説明お願いします。

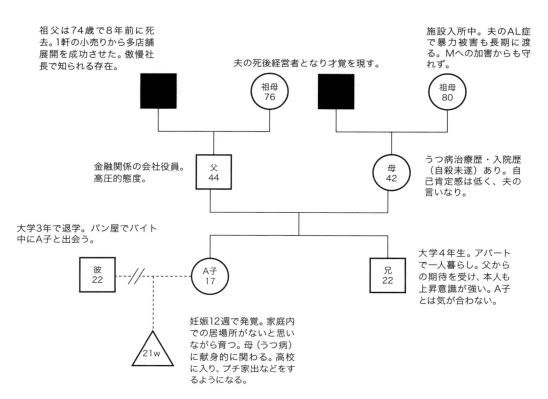

祖父は74歳で8年前に死去。1軒の小売りから多店舗展開を成功させた。傲慢社長で知られる存在。

夫の死後経営者となり才覚を表す。

施設入所中。夫のAL症で暴力被害も長期に渡る。Mへの加害からも守れず。

祖母
76

祖母
80

金融関係の会社役員。高圧的態度。

父
44

母
42

うつ病治療歴・入院歴（自殺未遂）あり。自己肯定感は低く、夫の言いなり。

大学3年で退学。パン屋でバイト中にA子と出会う。

彼
22

A子
17

兄
22

大学4年生。アパートで一人暮らし。父からの期待を受け、本人も上昇意識が強い。A子とは気が合わない。

21w

妊娠12週で発覚。家庭内での居場所がないと思いながら育つ。母（うつ病）に献身的に関わる。高校に入り、プチ家出などをするようになる。

出産・産後のA子を支えるための個別ケース検討会議時のジェノグラム

秋葉：はい、ありがとうございます（秋葉保健師は、これまでの経過をジェノグラムも使いながら説明した）。

　　　父（F）は、中絶リミットも目前となり、養子縁組の話を持ち出してきています。A子は、今後の見通しがついたにもかかわらず、やはり父親の一挙一動に反応し、しんどさを感じており、先日も家を飛び出したりしています。妊婦健診も2回連続で受けていないことがありました。

大塚：ありがとうございました。母（M）の理解もあって、A子自身が産む決意をしているので、要対協ケースとしての受理は意見が分かれると思いましたが、妊娠中の今も、養育支援は必要そうですね。渋谷先生、いかがですか。

渋谷：特にはありません。休学届がまだですので、休学になっておらず、数日休みが続いている状況です。先日、父（F）からは電話があり、怒鳴られました。学校の責任を追及されました。あまりの勢いに母（M）の理解も得ている旨伝えました。

本郷：初めてこのような場に出席しました。登校時の健康管理について私も協力します。この件を知り、A子に電話させてもらい話をしましたが、A

子自身の意思表示はしっかりしていました。家庭の協力に課題があると聞いていましたが、先日、母（M）の協力も得られるとわかりましたので安心しました。A子は、虐待されているわけではないと思うのですが、「特定妊婦」という括りになるのですか。

田端：A子は、自分の意思でここまでたどり着きましたが、一方で健診もまだら受診になったり、両親学級なども参加しないと言っており、妊娠・出産に関する知識不足が出産まで続きます。体調管理も不十分です。十代の妊娠は早産や胎児の子宮内発育の問題、妊娠高血圧症候群等の発症率が高くなりがちです。そもそも幼さもあり、妊娠中だけではなく長期の社会的支援は必要です。秋葉保健師とも、経済的にも不安定でしょうから、入院助産制度が使える病院と母子生活支援施設を使えないだろうかと考案中です。

大塚：そうですね。A子自身はしっかりしているようには見えますが、そうは言っても17歳です。パートナーも連絡がつかないようですし、経済的基盤も不安定で衣食住も心配です。周囲や家族サポート体制も不確かで、未熟な側面はあるなど社会的リスクを抱えていますので、産後に適切に養育できるかという点では、不安定要素が多いと言わざるを得ません。特定妊婦として受理し、思春期支援と「大人」になる支援、「親」になっていく支援が必要だと考えます。それにしてもここで母（M）の改心は、本当によかったですね。

板橋：私もそう思います。十代ですので母体や胎児にとってのリスクは、田端さんのおっしゃるとおりですから、医学的にハイリスク妊娠です。また、A子は、復学を目指すので学校とのつながりの実感を絶やさないことも重要ではと思います。実は、私は、児相に来たのが昨年ですので、知らなかったのですが…（恵比寿児童福祉司を見る）。

恵比寿：はい。私から情報提供します。A子が小学校5年生の時、父（F）から施設で保護してほしいと要請されました。秋葉保健師の話もありましたが、Mの自殺未遂や入退院が原因ではと思いますが、A子は落ち着きを失い、学校で友達をいじめたり、万引きするなど非行行動が出て、手を焼いたようです。保護はせずに心理面接を複数回行った経緯があります。

全員：そんなことが…。

大塚：まさにヤングケアラーだったということですね。それでは、秋葉保健師には、母（M）と一緒にA子の妊娠経過および出産病院の調整をお願いします。

板橋：これまでの経緯を考えると出産までも、もう一波乱二波乱あることも考えたほうがよさそうですよね。A子の母（M）がぶれずにA子を支え続けられるかわかりません。以前の記録を見るかぎり、母（M）を取り巻く環境、特に夫との関係性は改善しているわけではありませんから。出産前後は特に、子ども家庭課と児相も一緒に入り、状況の変化に迅速に対応できるよう居場所の確保を含めて生活支援をしていきます。

大塚：板橋さん、ありがとうございます。渋谷先生と本郷先生は、休学中も、A子と連絡を取り合う、相談相手になることって可能なのでしょうか。A子には、心強いと思うのですが。

本郷：そうですね。迷惑がられない程度につながりは持ち続けたいと思います。

大塚：妊娠中または産後になるかと思いますが、状況の変化に応じて第2回の個別ケース検討会議を開催したいと思います。その間もそれぞれの役割でA子を支えていきましょう。

Q3 経済的に不安定である妊婦を把握した場合、アドバイスできることは？

　妊婦が、健診費用の心配をせずに、必要な14回程度の健診を受けられるよう、14回分すべてが公費負担になっています。経済的に困窮し、健康保険等に加入していない妊婦は、入院助産（児童福祉法）や出産扶助（生活保護法）の対象となります。入院助産は保健上必要があるにもかかわらず、経済的に困窮しており、病院等施設における出産費用を負担できない方について、本人から 申請があった場合に出産にかかる費用を公費で負担する制度です（自宅で産んだ場合や入院助産の指定施設以外で産んだ場合は生活保護世帯の場合は、生活保護法による出産扶助が適応）。

　入院助産制度については、その活用が特定妊婦等への養育の支援の面で有効であると考えられ、助産の実施が必要な妊産婦に対し、助産制度の活用とサービスが円滑に実施されるよう通知が出されています。産前産後に保護・支援が必要となった場合は、各関係機関と連携するとともに、母子生活支援施設や婦人保護施設の活用等の検討等が記載されています（「児童福祉法第22条の規定に基づく助産の円滑な実施について」（厚生労働省、子母発0808第1号 令和元年8月8日）。

　母子生活支援施設（児童福祉法）の入所は、配偶者のない女子又はこれに準ずる事情にある女子及びその者の「18歳以下の監護すべき児童がいるもの」を入所させて、これらの者を保護するとともに、これらの者の自立の促進のためにその生活を支援することを目的とする施設です。一方で、居場所を失った妊婦の保護のために、2011（平成23）年7月より、特に支援が必要であると認められる妊産婦について、婦人相談所による母子生活支援施設の一時保護委託が可能となっています。つまり、母子生活支援施設に一時保護を行い、出産後は通常の入所に切り替えることにより、妊娠

期からの切れ目のない支援が可能となっています。

●A子の母の支援

　学校との話し合いに母（M）が参加したことを知った直後から、父の母（M）への風当たりはより強くなった。秋葉保健師は、母（M）に父（F）と離れる提案をするが、その決断は容易ではなかった。

　A子（妊娠26週）は、十代の妊娠女性を守るシェルターに身を置き、健診も受診し順調に経過していた。高校の休学手続きもA子自身が動いて完了させた。渋谷先生と本郷先生とはメールでのやり取りを約束し、不定期ではあるもののA子は穏やかさを取り戻していっているように見えた。

　一方で、母（M）はA子の心配はするものの、母（M）が家を出てA子と暮らす具体的な行動には時間を要した。秋葉保健師は、母（M）との面接機会を増やし、父（F）の里親制度利用の強要に母（M）が揺れずに対応できるようサポートし続けた。

　そのうち父（F）との離婚も考えるようになった母（M）に専門相談を促し、女性相談窓口の厚木相談員につないだ。

〇月△日　要対協　個別ケース検討会議（2回目）

●参加者

大塚	子ども家庭課ケースワーカー（市要対協調整機関）
秋葉	保健センター地区担当保健師（市母子保健担当）
厚木	市人権・男女共同参画課 女性のための相談窓口 相談員
恵比寿	児童相談所担当児童福祉司
板橋	児童相談所保健師
本郷	H高校 養護教諭
母M（欠）	

大塚：今日は、A子の母（M）に大きな動きがありましたので、その報告からです。

秋葉：前回の会議以降、父（F）と母（M）の関係に転機が訪れています。母（M）にとっては、この会議への出席もエンパワメントになったかもしれません。大塚さんや板橋さんのおかげで、女性相談窓口の厚木さんと面接を重ねているようです。厚木さんから近況はお願いします。

板橋：こちらからのアプローチでしかA子とは話せていませんが、先日A子から、児相の印象が変わったと言ってもらえました。A子自身の気持ちも

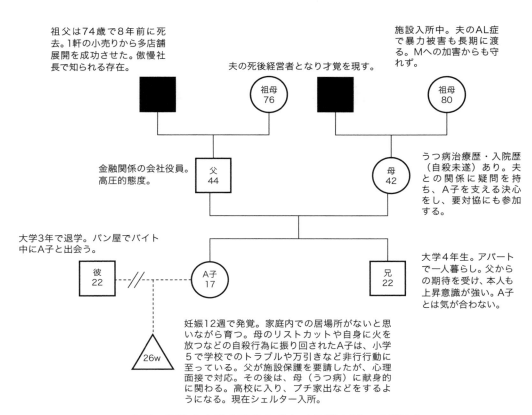

祖父は74歳で8年前に死去。1軒の小売りから多店舗展開を成功させた。傲慢社長で知られる存在。

夫の死後経営者となり才覚を現す。

施設入所中。夫のAL症で暴力被害も長期に渡る。Mへの加害からも守れず。

祖母 76

祖母 80

金融関係の会社役員。高圧的態度。

父 44

母 42

うつ病治療歴・入院歴（自殺未遂）あり。夫との関係に疑問を持ち、A子を支える決心をし、要対協にも参加する。

大学3年で退学。パン屋でバイト中にA子と出会う。

彼 22

A子 17

兄 22

大学4年生。アパートで一人暮らし。父からの期待を受け、本人も上昇意識が強い。A子とは気が合わない。

26w

妊娠12週で発覚。家庭内での居場所がないと思いながら育つ。母のリストカットや自身に火を放つなどの自殺行為に振り回されたA子は、小学5で学校でのトラブルや万引きなど非行行動に至っている。父が施設保護を要請したが、心理面接で対応。その後は、母（うつ病）に献身的に関わる。高校に入り、プチ家出などをするようになる。現在シェルター入所。

Ａ子の家族内力動の変化を共有する際のジェノグラム

安定しているということでしょうけれど。

厚木：よろしくお願いします。初めて参加します。母（M）の夫からの支配は長期にわたりましたが、本当に英断です。娘の妊娠を否定する夫に、初めて怒りの感情を覚えたようでした。弁護士と相談しながら離婚の準備をしています。母（M）は金銭的にも管理されていましたが、幸い、その中でも引っ越しと数か月の生活費はあるそうです。父（F）が離婚に応じるかわかりませんが、母（M）の決意は今回は固いと思われます。

本郷：メールでA子から「母（M）と一緒に暮らせるかも」と報告を受けました。文面も明るい感じです。

秋葉：本当に17歳ながら、強さを感じます。しかしながら、彼女の幼少期を考えれば、今後も子育てでつまずくこともあるかもしれません。母（M）との関係も修復途上でしょう。少しずつですね。産後は、Mだけに頼るのではなく産前・産後ケアサポートや産後ケア事業など種々のサービスを上手に取り入れながら支えていこうと思います。

大塚：A子が私たちを動かしましたね。今は要対協の私たちみなでA子の将来

を支えていきたいと思えているのですから…。引き続きよろしくお願いします。

レビュー ....

　父親による支配に、言動や考え方までコントロールされ、心身ともに病んでいく母を気遣う中、母の自殺未遂場面を目撃してしまうなど、夫婦関係の問題に巻き込まれてきたA子が、我慢や愛情飢餓、孤独を抱えながらも、自らの意思を貫き、出産を決意した事例です。A子自身が、心理的虐待環境にさらされていた子どもとも言えます。A子の思春期での非行問題のエピソードや今回の妊娠は、この家族の機能不全を事象化させるきっかけになりました。

　家族は、常に互いに影響し合っているので、家族員の誰かが問題行動を起こしたり、あるいは健康に害が及ぶと、他の家族員は影響を受けます。したがって、問題行動を起こした子どもの問題と早々に決めつけてしまうと家族診断を誤ることがあります。問題行動の背景には、個人の問題というより家族間の葛藤関係が根強く潜んでいる場合もあり、家族の危機に対するSOSの発信があるかもしれません。

　本事例の場合、A子が妊娠SOSへメールを送ったことから始まりました。相談員と保健師が一緒にA子の相談相手になって会話を積み重ねるうちに、根深い家族史を把握しました。当初の母（M）は、多くのDV被害者と同様に、夫からの仕返しや高圧的態度の激化への恐怖もあって、人間としての尊厳は奪われ、自信喪失し、孤独になり、負のスパイラルから抜けられずにいました。自身の考え方や判断が奪われていた状態でもあります。この母（M）からは、A子の妊娠に寄り添うパワーは最初は感じられませんでした。

　A子のような事例の場合、妊娠をなかったこととする（中絶）か出産か、「選択」を目の前にすると悩む人は多くなります。もちろん最も悩んだのはA子でしょう。1つの選択に対し、その後のフォローまで思いを馳せれば、各々の立場や事情が顔を出し、さらに悩みます。A子の潜在的な思いに想像をめぐらせれば、これまでの生活から脱することができる、または未知なる新しい生活への期待もあったかもしれません。

　秋葉保健師は、A子にどのような手を差し伸べることができるのか、関係者と支援の方向性を共有できるのか、悩みました。そして、葛藤が起こるその場所で、葛藤から逃げてA子に二者選択を迫ることをせず、A子の言動に寄り添い、A子の自尊心を一丸となって尊重することが、A子のこれからの人生における選択機会を、自身にとって必要な決断をするための思考を鍛える場になるので

はと考えました。

　方向性を見極めれば、秋葉保健師がA子と生まれる子どもとの生活を支援するためにも、関係者間ネットワークを持つことと母（M）の心の回復に携わることは、必然でした。

　秋葉保健師は、母子保健担当ですが、家族機能不全状態の家族や背景事情が複雑な場合、支援者は、単に、母子保健関連事業でのサービス提供や妊娠生活指導など安全な出産への目先の保健指導に留めるわけにはいかないことに気づきました。A子への支援の長期展望に沿って、必要となる学校など教育機関、医療や児童福祉、DV担当、本事例はNPOの相談員とのネットワークも構築できました。この家族を理解し、A子の想いに耳を傾け、連携というより、一体となってあれこれ悩みながら、支援者らも思考を鍛えたのかもしれません。

　この家族と出会い、秋葉保健師は、行政窓口として母子手帳交付を妊婦さんとのファーストコンタクトの場面としているけれど、その前に、これほどの葛藤を抱えた妊婦がいることを知り、NPOの存在を知り、これまでの行動を振り返って以下のことを考えました。

　十代の若者が、「ノー」と言えず、避妊具の使用を言い出すこともできず、そして妊娠後も迅速に動けず、時間だけが過ぎて、望まない出産に至ることがあります。予期せぬ妊娠、特に若年の場合、「ふしだら」「非行」だと責める人が、まだいない社会とは言いがたいでしょう。世間体を重視し、妊娠した女性の声に耳を傾ける余裕がない親や支援者も存在します。その背景には、親との間の葛藤関係や経済的問題などさまざまな事情があることは知りましたが、わが国の包括的性教育の貧しさも否めないと考えます。改めて、小さな頃から「自分を大事に思う」「自分が大切にされる」その結果、「他者を労る」「嫌なことはノーと言える力」を育む、このような教育の積み重ねの必要性を強く意識しました。

　そして、母子手帳交付が目的にならぬよう、少なくとも彼女たちの想いを受け入れ、妊娠をきっかけに家族や社会とのつながりを紡ぎ直すお手伝いができればと考えるようになっていました。

おわりに

　構想5年！ 制作3年!! やや大げさでも、ようやくこの本が日の目を見ることになり安堵しています。

　支援側のセクショナリズムが一人のライフサイクルを分断し、法に基づくサービスを提供するだけでは、親も、その後ろでSOSを出し続ける子どもも救うことはできません。連携・協働の大事さ、事例から学ぶことの尊さに賛同いただいた先生方と「言うは易く行うは難し」の協働について、スローペースではありましたが、事例を中心に議論を重ねてきました。今回の掲載事例には、愛されたいのに愛されなかった幼少期の体験が、その後の人生に数々の葛藤をもたらしており、人生を繕うための必死の努力に時間を奪われている親子・家族もいます。親も子も自分を本気で気遣う他者と出会い、支援を受ける力を手にしたことで病と向き合えたり、抑圧されていた力が引き出されて自尊心を取り戻したり、実親との関係性に変化をもたらした子どももいました。何より、事例に深入りする中で私自身が事例からも先生方からもケアされていたことに気づくこともできました。ぜひ、皆様も関心のある事例から読み始めてはいかがでしょう。

　明石書店の深澤さんは、私たちに寄り添いつつ、適時適切に"喝"を入れてくださいました。ハラハラどきどきの日々でご心配をおかけしました。心より感謝いたします。
　　　　　　　　　　　　　　　　　　　　　　　　　　　　　　　　（中板育美）

　本書出版へのお誘いを受けたのは2018年の晩秋だったと思います。短いとはいえないその後の月日の中で、それぞれの領域で深い経験をもつ専門職の方々と具体的事例を挟んで遠慮のない議論を交わせたことはかけがえのない体験になりました。討論を通じて再認識したことは、子どもの虐待を予防し、対応する単独の専門家などどこにもいないということです。私（医療者）の有する知識経験や技術は、病院や診療所という場を離れてしまえば、困惑し、おびえて途方に暮れ、立ちすくむしかない子どもたちや家族にどうしたら役に立たせられるのか。保育、教育、心理、医療、保健、福祉と多岐にわたる支援の資源は、どれか一つが欠けても、子どもと家族の安全を実効的に保障することはできないということを、事例を通して追体験していただけることを期待しています。討論してくださった編者の先生方、そして本書の企画を没にもせず、何度も予定を先延ばししてくださった深澤さんに感謝申し上げます。（佐野信也）

子どもの問題は、それが子どもにどういう形で表れるかにより、そこに関わる機関や組織あるいは専門家が異なります。子ども虐待は、子どもと家族の問題ですが、子ども自身の問題、貧困・病状など保護者の状況、家庭内の人間関係、子どもの学校等の人間関係等を背景として、家庭ではもちろんのこと、保育園や学校等で、非行の形など地域社会で、母子保健の場で、医療の場で、などと、ある時、異なった形で「何か」が起こります。こうした「場」と関わる人が多いのも子どもの問題の特徴といえますが、その子どもはかけがえのない「ひとり」であり、表れた「場」やそこに関わる人によって、子どもの「思い」が受け止められず、子どもが取り残されることは許されません。また、関わる人が支援者の場合、それぞれに専門性があり、その専門性を十分に発揮する必要がありますが、こうした子どもの問題において、一つの専門性では限界のあることもまた事実です。

　ところで、本書で描かれていることとして、それぞれの専門職には、専門性の性質、さらに組織・機関の性質や目的により、それぞれの「論理」があることがわかります（用語が違ったり、用語の意味が違ったりすることもあります）。多職種連携を図る場合、自らの「論理」を踏まえたうえで、他方の「論理」をよく理解しておくことが、連携を図る際の「コツ」ともいえます。子どもにとって最善のことを共通認識とし、「少し無理をし、少し無理をしてもらう」こと（のりしろ）が大切です。　　　　　　　　　　　　　　　（野村武司）

　子どもと家族の支援において多機関・多職種による連携が欠かせないことは誰もがわかっている。しかし実際にはなかなか難しいことに多くの支援者が悩んでいる。良好な連携を阻むものは何なのか、改善のためにどう取り組めばよいのか、本書からヒントが得られるとうれしく思う。

　「連携」という言葉を用いるよりも、「協働」という言葉のほうがより適切ではないかと私は考える。それぞれの機関や職種が、それぞれの持ち味を生かし合いながらも支援を重ね合うこと、それが何よりも大切であろう。自らの機関が子どもと家族に対してできることを考え実行するのはもちろん、多機関・多職種ができるだけ同行や同席による支援を行い、また顔を合わせて話し合うことで支援を重ね合うのである。そのため、役割分担にあまりこだわらないほうがよいのではないかとも思われる。お互いの立場の違いを認識し合いながらも、お互いにリスペクトし合って、対等に話し合える関係性を構築していくことが求められていると思う。今後は、子どもや家族が主体的に参画できるネットワークの構築を目指して取り組みが進められることを期待したい。　　（川松　亮）

著者紹介

中板育美（なかいた・いくみ）
保健師。武蔵野大学院地域看護学研究科教授。東京都の保健師として16年間勤務後、国立保健医療科学院上席主任研究官として、現任教育、研究に従事。その後、日本看護協会常任理事、全国保健師職能委員長を経て、現職。看護学博士。著作として『周産期からの子ども虐待予防・ケア──保健・医療・福祉の連携と支援体制』（明石書店、2016年）、『これで使える！ 保健師のためのデータ活用ブック』（編著、東京図書、2018年）、『凍りついた瞳2020』（分担、集英社、2020年）、『新・ちいさいひと 青葉児童相談所物語』児相保健師編（監修、小学館、2018年）、『精神保健福祉 第4版』系統看護学講座 - 別巻（分担、医学書院、2022年）など。

佐野信也（さの・しんや）
精神科医。防衛医科大学校卒。いくつかの自衛隊病院を経て、1995年から防衛医科大学校精神科で臨床、教育、研究に従事。2015年防衛医科大学校心理学科教授。2020年ふじみクリニック。医学博士。精神保健指定医。著作として『ACの臨床』（編著、星和書店、1998年）、『自己愛の障害』（監訳、金剛出版、2003年）、『すべての診療科で役立つ精神科必修ハンドブック［改訂版］』（共著、羊土社、2014年）、『緊急支援のためのBASIC PH アプローチ』（監訳、遠見書房、2017年）など。

野村武司（のむら・たけし）
東京経済大学現代法学部教授（行政法・子ども法）。獨協地域と子ども法律事務所弁護士（埼玉弁護士会）、日弁連子どもの権利委員会幹事。川崎市子どもの権利条例をはじめとして、自治体の子どもの権利条例作りに関わる。いじめ重大事態第三者調査委員会の経験も豊富である。著作として、行政法の業績の他、日弁連子どもの権利委員会編『子どものいじめ問題ハンドブック』（明石書店、2015年）、宮本みち子他編著『アンダークラス化する若者たち』（共著、明石書店、2021年）など。

川松 亮（かわまつ・あきら）
明星大学人文学部常勤教授。東京都の福祉職として、児童養護施設等で勤務の後、児童相談所で児童福祉司として勤務。その後、厚生労働省児童福祉専門官、子どもの虹情報研修センター研究部長を経て、現職。社会福祉士。著作として『市区町村子ども家庭相談の挑戦』（編者、明石書店、2019年）、『ジソウのお仕事』（共著、フェミックス、2020年）、『日本の児童相談所』（共編著、明石書店、2022年）など。

事例提供協力
井利由利
谷川由起子

事例でわかる

子ども虐待対応の多職種・多機関連携
—— 互いの強みを活かす協働ガイド

2022年12月15日　初版第 1 刷発行
2023年 8 月15日　初版第 2 刷発行

著　　者	中	板	育	也
	佐	野	信	也
	野	村	武	司
	川	松		亮

発 行 者　　　　　大 江 道 雅
発 行 所　　　　　株式会社　明石書店
　　　　〒 101-0021　東京都千代田区外神田 6-9-5
　　　　　　　　　　電　話　　03 (5818) 1171
　　　　　　　　　　Ｆ Ａ Ｘ　　03 (5818) 1174
　　　　　　　　　　振　替　　00100-7-24505
　　　　　　　　　　https://www.akashi.co.jp
　　　　　　　　装丁　明石書店デザイン室
　　　　　　　　組版　朝日メディアインターナショナル株式会社
　　　　　　印刷・製本　モリモト印刷株式会社

市区町村子ども家庭相談の挑戦
子ども虐待対応と地域ネットワークの構築
川松亮編著
◎2500円

必携 市区町村子ども家庭総合支援拠点スタートアップマニュアル
鈴木秀洋著
◎2500円

要保護児童対策地域協議会における 子ども家庭の理解と支援
民生委員・児童委員、自治体職員のみなさんに伝えたいこと
川畑隆著
◎2200円

子ども・家族支援に役立つアセスメントの技とコツ
よりよい臨床のための4つの視点、8つの流儀
川畑隆編著
◎2200円

子ども・家族支援に役立つ面接の技とコツ
〈仕掛ける・さぐる・引き出す・支える・紡ぐ〉児童福祉臨床
宮井研治編
◎2200円

発達相談と新版K式発達検査 子ども・家族支援に役立つ知恵と工夫
大島剛、川畑隆、伏見真里子、笹川宏樹、梁川惠、衣斐哲臣、菅野道英、宮井研治、大谷多加志、井口絹世、長嶋宏美著
◎2400円

医療・保健・福祉・心理専門職のためのアセスメント技術を高めるハンドブック【第3版】
ケースレポートとケース記録の方法から ケース検討会議の技術まで 近藤直司著
◎2000円

ワークで学ぶ 子ども家庭支援の包括的アセスメント
要保護・要支援・社会的養護児童の適切な支援のために
増沢高著
◎2400円

子ども虐待対応における保護者との協働関係の構築
家族と支援者へのインタビューから学ぶ実践モデル
鈴木浩之著
◎4600円

子ども虐待対応におけるサインズ・オブ・セーフティ・アプローチ実践ガイド
子どもの安全(セーフティ)を家族とつくる道すじ
菱川愛、渡邉直、鈴木浩之編著
◎2800円

「三つの家」を活用した子ども虐待のアセスメントとプランニング
ニキ・ウェルド、ソニア・パーカー、井上直美編著
◎2800円

子ども虐待事例から学ぶ統合的アプローチ
ホロニカル・アプローチによる心理社会的支援
千賀則史、定森恭司著
◎2800円

子ども虐待 保護から早期支援への転換
児童家庭ソーシャルワーカーの質的向上をめざして
アイリーン・ムンロー著 増沢高監訳 小川紫保子訳
◎2800円

児童福祉司研修テキスト 児童相談所職員向け
金子恵美編集代表 佐竹要平、安部計彦、藤岡孝志、増沢高、宮島清編
◎2500円

要保護児童対策調整機関専門職研修テキスト 基礎自治体職員向け
金子恵美編集代表 佐竹要平、安部計彦、藤岡孝志、増沢高、宮島清編
◎2500円

子どもの虐待防止・法的実務マニュアル【第7版】
日本弁護士連合会子どもの権利委員会編
◎3200円

〈価格は本体価格です〉

子どもアドボカシーと当事者参画のモヤモヤとこれから
子どもの「声」を大切にする社会ってどんなこと?
栄留里美、長瀬正子、永野咲著
◎2200円

すき間の子ども、すき間の支援
一人ひとりの「語り」と経験の可視化
村上靖彦編著
◎2400円

施設で育った子どもたちの語り
『施設で育った子どもたちの語り』編集委員会編
◎1600円

精神障がいのある親に育てられた子どもの語り
困難の理解とリカバリーへの支援
横山恵子、蔭山正子編著
◎2500円

メンタルヘルス不調のある親への育児支援
保健福祉専門職の支援技術と当事者・家族の語りに学ぶ
蔭山正子著
◎2500円

子ども虐待在宅ケースの家族支援
「家族維持」を目的とした援助の実態分析
畠山由佳子著
◎4600円

児童養護施設 鹿深の家の「ふつう」の子育て
人が育つために大切なこと
綱島庸祐、川畑隆編 鹿深の家（代表：春田真樹）著
◎1800円

［完全版］大恐慌の子どもたち
社会変動とライフコース
グレン・H・エルダー・Jr.著、本田時雄、川浦康至監訳
岡林秀樹、池田政子、伊藤裕子、田代俊子訳
◎5800円

アタッチメント・ハンドブック
里親養育・養子縁組の支援
ジリアン・スコフィールド、メアリー・ビーク著
御園生直美、宮﨑美奈子、高橋恵里子、上鹿渡和宏監訳
森田由美、門脇陽子訳
◎3800円

ダイレクト・ソーシャルワーク ハンドブック
対人支援の理論と技術
ディーン・H・ヘプワース、ロナルド・H・ルーニーほか著
武田信子監修 山野則子、澁谷昌史、平野直己ほか監訳
◎25000円

ソーシャルワーク 人々をエンパワメントする専門職
ブレンダ・デュボワ、カーラ・K・マイリー著 北島英治監訳
◎20000円

スクールソーシャルワーク ハンドブック 実践・政策・研究
キャロル・リッペイ・マサット、マイケル・S・ケリー、
ロバート・コンスタブル編著 山野則子監修
◎20000円

迷走ソーシャルワーカーのラプソディ
どんなときでも、「いいんじゃない?」と僕は言う
山下英三郎著
◎2000円

小児期の逆境的体験と保護的体験
子どもの脳・行動・発達に及ぼす影響とレジリエンス
J・ヘイズ=グルード著 菅原ますみほか監訳
◎4200円

アンダークラス化する若者たち
生活保障をどう立て直すか
宮本みち子、佐藤洋作、宮本太郎編著 野村武司ほか著
◎2300円

子どものいじめ問題ハンドブック
発見・対応から予防まで
日本弁護士連合会子どもの権利委員会編
◎2400円

〈価格は本体価格です〉

周産期からの
子ども虐待予防・ケア

保健・医療・福祉の連携と支援体制

中板育美 著

■A5判／並製／160頁 ◎2200円

子ども虐待における「予防」と「ネットワーク」の重要性を現場に即した形で解説する。著者自身が実践者として向き合ってきた虐待してしまった親、傷ついた子どもたちから学んだことを事例とともに紹介しながら、支援者であることの意味を改めて問い直す。

子ども
コミッショナーは
なぜ必要か

子どものSOSに応える人権機関

日本弁護士連合会子どもの権利委員会 編

■B5判／並製／232頁 ◎2600円

子どもの権利を守るために世界に広まる子どもコミッショナー。日本では地方自治体には設置されているものの、国レベルの独立した機関はまだ存在しない。自治体の相談・救済機関のグッド・プラクティスから、国における子どもコミッショナーの制度化について考える。

〈価格は本体価格です〉

国際セクシュアリティ教育ガイダンス【改訂版】
科学的根拠に基づいたアプローチ

ユネスコ 編

浅井春夫、艮香織、田代美江子、福田和子、渡辺大輔 訳

■A5判／並製／296頁 ◎2600円

性教育をすすめていくうえで世界のスタンダードとして定評のある手引きの改訂版。本書は、セクシュアリティ教育を人権、ジェンダー平等という枠組みの中で再認識し、若者にとっての利益が最大となる、「性と人間関係」についての包括的な学びを提供している。

シリーズ みんなで育てる家庭養護
里親・ファミリーホーム・養子縁組

シリーズ編集代表　相澤仁

■B5判／並製　各2600円

これまでの子どものケアワーク中心の個人的養育から、親子の関係調整など多職種・多機関との連携によるソーシャルワーク実践への転換をはかる、里親・ファミリーホームとそれを支援する関係機関に向けた、画期的かつ総合的な研修テキスト。

〈価格は本体価格です〉

日本の児童相談所

子ども家庭支援の現在・過去・未来

川松亮、久保樹里、菅野道英、
田﨑みどり、田中哲、長田淳子、
中村みどり、浜田真樹 [編著]

◎A5判／並製／384頁　◎2,600円

子どもの発達を促し、子どもの最善の利益をめざす児童相談所。本書には、社会的関心の高い虐待対応にとどまらない、現在の児童相談所を多角的に理解するエッセンスと、今を理解するための歴史と、これからの児童相談所についての多くの知見が盛り込まれている。

〈価格は本体価格です〉